William Shakespeare
Ein Sommernachtstraum

AF597763

fabula Verlag Hamburg

Shakespeare, William: Ein Sommernachtstraum. 2016
Neuauflage der Ausgabe von 1935
ISBN: 978-3-95855-381-1

Umschlaggestaltung: fabula Verlag Hamburg

Bibliografische Information der Deutschen Nationalbibliothek: Die Deutsche Nationalbibliothek verzeichnet diese Publikation in der Deutschen Nationalbibliografie; detaillierte bibliografische Daten sind im Internet über https://dnb.de abrufbar.

Der fabula Verlag Hamburg ist ein Imprint der Bedey & Thoms Media GmbH, Hermannstal 119k, 22119 Hamburg

---

fabula Verlag Hamburg, 2016
https://fabula-verlag-hamburg.de/
Gedruckt in Deutschland
Der fabula Verlag Hamburg übernimmt keine juristische Verantwortung oder irgendeine Haftung für evtl. fehlerhafte Angaben und deren Folgen.

William Shakespeare

Ein Sommernachtstraum

Personen:

Theseus, Herzog von Athen

Egeus, Vater der Hermia

Lysander und Demetrius, Liebhaber der Hermia

Philostrat, Aufseher der Lustbarkeiten am Hofe des Theseus

Squenz, der Zimmermann

Schnock, der Schreiner

Zettel, der Weber

Flaut, der Bälgenflicker

Schnauz, der Kesselflicker

Schlucker, der Schneider

Hippolyta, Königin der Amazonen, mit Theseus verlobt

Hermia, Tochter des Egeus, in Lysander verliebt

Helena, in Demetrius verliebt

Oberon, König der Elfen

Titania, Königin der Elfen

Puck, ein Elf

Bohnenblüte, Spinnweb, Motte und Senfsamen, Elfen

Pyramus, Thisbe, Wand, Mondschein und Löwe, Rollen in dem Zwischenspiel, das von den Rüpeln vorgestellt wird

Andre Elfen, im Gefolge des Königs und der Königin

Gefolge des Theseus und der Hippolyta

Szene: Athen und ein nahegelegener Wald

Erster Aufzug

Erste Szene

Ein Saal im Palaste des Theseus

Theseus, Hippolyta, Philostrat *und* Gefolge *treten auf*

Theseus. Nun rückt, Hippolyta, die Hochzeitsstunde
Mit Eil heran; vier frohe Tage bringen
Den neuen Mond; doch, o wie langsam nimmt
Der alte ab! Er hält mein Sehnen hin,
Gleich einer Witwe, deren dürres Alter
Von ihres Stiefsohns Renten lange zehrt.
Hippolyta. Vier Tage tauchen sich ja schnell in Nächte,
Vier Nächte träumen schnell die Zeit hinweg:
Dann soll der Mond, gleich einem Silberbogen,
Am Himmel neu gespannt, die Nacht beschaun
Von unserm Fest.
Theseus. Geh, Philostrat, berufe
Die junge Welt Athens zu Lustbarkeiten!
Erweck den raschen, leichten Geist der Lust,
Den Gram verweise hin zu Leichenzügen:
Der bleiche Gast geziemt nicht unserm Pomp.

Philostrat *ab.*

Hippolyta! ich habe mit dem Schwert
Um dich gebuhlt, durch angetanes Leid
Dein Herz gewonnen; doch ich stimme nun

Aus einem andern Ton, mit Pomp, Triumph,
Bankett und Spielen die Vermählung an.

EGEUS, HERMIA, LYSANDER *und* DEMETRIUS *treten auf.*

EGEUS. Dem großen Theseus, unserm Herzog, Heil!
THESEUS. Mein guter Egeus, Dank! Was bringst du Neues?
EGEUS. Verdrusses voll erschein ich und verklage
Mein Kind hier, meine Tochter Hermia. -
Tritt her, Demetrius. - Erlauchter Herr,
Dem da verhieß mein Wort zum Weibe sie.
Tritt her, Lysander. - Und, mein gnädger Fürst,
Der da betörte meines Kindes Herz.
Ja! Du, Lysander, du hast Liebespfänder
Mit ihr getauscht: du stecktest Reim ihr zu;
Du sangst im Mondlicht unter ihrem Fenster
Mit falscher Stimme Lieder falscher Liebe;
Du stahlst den Abdruck ihrer Phantasie
Mit Flechten deines Haares, buntem Tand,
Mit Ringen, Sträußen, Näschereien (Boten
Von viel Gewicht bei unbefangner Jugend);
Entwandest meiner Tochter Herz mit List
Verkehrtest ihren kindlichen Gehorsam
In eigensinngen Trotz. - Und nun, mein Fürst,
Verspricht sie hier vor Eurer Hoheit nicht
Sich dem Demetrius zur Eh, so fordr ich
Das alte Bürgervorrecht von Athen,
Mit ihr, wie sie mein eigen ist, zu schalten.
Dann übergeb ich diesem Manne sie,
Wo nicht, dem Tode, welchen unverzüglich
In diesem Falle das Gesetz verhängt.
THESEUS. Was sagt Ihr, Hermia? Laßt Euch raten, Kind.
Der Vater sollte wie ein Gott Euch sein,
Der Euren Reiz gebildet; ja, wie einer,

Dem Ihr nur seid wie ein Gepräg, in Wachs
Von seiner Hand gedrückt, wie's ihm gefällt,
Es stehnzulassen oder auszulöschen.
Demetrius ist ja ein wackrer Mann.
HERMIA. Lysander auch.
THESEUS. An sich betrachtet wohl;
So aber, da des Vaters Stimm ihm fehlt,
Müßt Ihr für wackrer doch den andern achten.
HERMIA. O säh mein Vater nur mit meinen Augen!
THESEUS. Eur Auge muß nach seinem Urteil sehn.
HERMIA. Ich bitt Euch, gnädger Fürst, mir zu verzeihn.
Ich weiß nicht, welche Macht mir Kühnheit gibt,
Noch wie es meiner Sittsamkeit geziemt,
In solcher Gegenwart das Wort zu führen;
Doch dürft ich mich zu fragen unterstehn:
Was ist das Härtste, das mich treffen kann,
Verweigr ich dem Demetrius die Hand?
THESEUS. Den Tod zu sterben oder immerdar
Den Umgang aller Männer abzuschwören.
Drum fraget Eure Wünsche, schönes Kind,
Bedenkt die Jugend, prüfet Euer Blut,
Ob Ihr die Nonnentracht ertragen könnt,
Wenn Ihr der Wahl des Vaters widerstrebt,
Im dumpfen Kloster ewig eingesperrt
Als unfruchtbare Schwester zu verharren,
Den keuschen Mond mit matten Hymnen feiernd.
O dreimal selig, die, des Bluts Beherrscher,
So jungfräuliche Pilgerschaft bestehn!
Doch die gepflückte Ros ist irdischer beglückt,
Als die am unberührten Dorne welkend
Wächst, lebt und stirbt in heilger Einsamkeit.
HERMIA. So will ich leben, gnädger Herr, so sterben,
Eh ich den Freiheitsbrief des Mädchentums
Der Herrschaft dessen überliefern will,

Des unwillkommnem Joche mein Gemüt
Die Huldigung versagt.

THESEUS.
Nehmt Euch Bedenkzeit; auf den nächsten Neumond,
Den Tag, der zwischen mir und meiner Lieben
Den ewgen Bund der Treu besiegeln wird;
Auf diesen Tag bereitet Euch, zu sterben
Für Euren Ungehorsam, oder nehmt
Demetrius zum Gatten, oder schwört
Auf ewig an Dianens Weihaltar
Ehlosen Stand und Abgeschiedenheit.

DEMETRIUS. Gebt, Holde, nach; gib gegen meine Rechte,
Lysander, deinen kahlen Anspruch auf.

LYSANDER. Demetrius, Ihr habt des Vaters Liebe:
Nehmt ihn zum Weibe; laßt mir Hermia.

EGEUS. Ganz recht, du Spötter! Meine Liebe hat er;
Was mein ist, wird ihm meine Liebe geben;
Und sie ist mein; und alle meine Rechte
An sie verschreib ich dem Demetrius.

LYSANDER. Ich bin, mein Fürst, so edlen Stamms wie er;
So reich an Gut; ich bin an Liebe reicher;
Mein Glücksstand hält die Waag auf alle Weise
Dem seinigen, wo er nicht überwiegt;
Und (dies gilt mehr als jeder andre Ruhm)
Ich bin es, den die schöne Hermia liebt.
Wie sollt ich nicht bestehn auf meinem Recht?
Demetrius (ich will's auf seinen Kopf
Beteuern) buhlte sonst um Helena,
Die Tochter Nedars, und gewann ihr Herz:
Und sie, das holde Kind, schwärmt nun für ihn,
Schwärmt andachtsvoll, ja mit Abgötterei
Für diesen schuldgen, flatterhaften Mann.

THESEUS. Ich muß gestehn, daß ich dies auch gehört
Und mit Demetrius davon zu sprechen

Mir vorgesetzt; nur, da ich überhäuft
Mit eignen Sorgen bin, entfiel es mir.
Doch ihr, Demetrius und Egeus, kommt!
Ihr müßt jetzt mit mir gehn, weil ich mit euch
Verschiednes insgeheim verhandeln will.
Ihr, schöne Hermia, rüstet Euch, dem Sinn
Des Vaters Eure Grillen anzupassen;
Denn sonst bescheidet Euch Athens Gesetz,
Das wir auf keine Weise schmälern können,
Tod oder ein Gelübd des ledgen Standes.
Wie geht's, Hippolyta? Kommt, meine Traute!
Ihr, Egeus und Demetrius, geht mit!
Ich hab euch noch Geschäfte aufzutragen
Für unser Fest; auch muß ich noch mit euch
Von etwas reden, was euch nah betrifft.
EGEUS. Dienstwillig und mit Freuden folgen wir.

THESEUS, HIPPOLYTA, EGEUS, DEMETRIUS *und* GEFOLGE *ab.*

LYSANDER. Nun, liebes Herz? Warum so blaß die Wange?
Wie sind die Rosen dort so schnell verwelkt?
HERMIA. Vielleicht, weil Regen fehlt, womit gar wohl
Sie mein umwölktes Auge netzen könnte.
LYSANDER. Weh mir! Nach allem, was ich jemals las
Und jemals hört in Sagen und Geschichten,
Rann nie der Strom der treuen Liebe sanft;
Denn bald war sie verschieden an Geburt -
HERMIA. O Qual! zu hoch, vor Niedrigem zu knien!
LYSANDER. Bald war sie in den Jahren mißgepaart -
HERMIA. O Schmerz! zu alt, mit jung vereint zu sein!
LYSANDER. Bald hing sie ab von der Verwandten Wahl -
HERMIA. O Tod! mit fremdem Aug den Liebsten wählen!
LYSANDER. Und war auch Sympathie in ihrer Wahl,
So stürmte Krieg, Tod, Krankheit auf sie ein

Und macht' ihr Glück gleich einem Schalle flüchtig,
Wie Schatten wandelbar, wie Träume kurz,
Schnell wie der Blitz, der in geschwärzter Nacht
Himmel und Erd in einem Wink entfaltet;
Doch eh ein Mensch vermag zu sagen: schaut!
Schlingt gierig ihn die Finsternis hinab:
So schnell verdunkelt sich des Glückes Schein.

HERMIA. Wenn Leid denn immer treue Liebe traf,
So steht es fest im Rate des Geschicks.
Drum laß Geduld uns durch die Prüfung lernen,
Weil Leid der Liebe so geeignet ist
Wie Träume, Seufzer, stille Wünsche, Tränen,
Der armen kranken Leidenschaft Gefolge.

LYSANDER. Ein guter Glaube! Hör denn, Hermia!
Es liegt nur sieben Meilen von Athen
Das Haus 'ner alten Witwe, meiner Muhme;
Sie lebt von großen Renten, hat kein Kind
Und achtet mich wie ihren einzgen Sohn.
Dort, Holde, darf ich mich mit dir vermählen,
Dorthin verfolgt das grausame Gesetz
Athens uns nicht: liebst du mich denn, so schleiche
Aus deines Vaters Hause morgen nacht
Und in den Wald 'ne Meile von der Stadt,
Wo ich einmal mit Helena dich traf,
Um einen Maienmorgen zu begehn;
Da will ich deiner warten.

HERMIA. Mein Lysander!
Ich schwör es dir bei Amors stärkstem Bogen,
Bei seinem besten, goldgespitzten Pfeil
Und bei der Unschuld von Cytherens Tauben;
Bei dem, was Seelen knüpft in Lieb und Glauben;
Bei jenem Feur, wo Dido einst verbrannt,
Als der Trojaner falsch sich ihr entwand;
Bei jedem Schwur, den Männer je gebrochen,

Mehr an der Zahl, als Frauen je gesprochen;
Du findest sicher morgen mitternacht
Mich an dem Platz, wo wir es ausgemacht.
LYSANDER. Halt, Liebe, Wort! Sieh, da kommt Helena.

HELENA *tritt auf.*

HERMIA. Gott grüß Euch, schönes Kind! Wohin soll's gehn?
HELENA. Schön nennt Ihr mich? - Nein, widerruft dies Schön!
Euch liebt Demetrius, beglückte Schöne! -
Ein Angelstern ist Euer Aug; die Töne
Der Lippe süßer, als der Lerche Lied
Dem Hirten scheint, wenn alles grünt und blüht.
Krankheit steckt an; o tät's Gestalt und Wesen!
Nie wollt ich, angesteckt von Euch, genesen.
Mein Aug lieh' Euren Blick, die Zunge lieh'
Von Eurer Zunge Wort und Melodie.
Wär mein die Welt, ich ließ damit Euch schalten,
Nur diesen Mann wollt ich mir vorbehalten.
O lehrt mich, wie Ihr blickt! Durch welche Kunst
Hängt so Demetrius an Eurer Gunst?
HERMIA. Er liebt mich stets, trotz meinen finstern Mienen.
HELENA. O lernte das mein Lächeln doch von ihnen!
HERMIA. Ich fluch ihm, doch das nährt sein Feuer nur.
HELENA. Ach, hegte solche Kraft mein Liebesschwur!
HERMIA. Je mehr gehaßt, je mehr verfolgt er mich.
HELENA. Je mehr geliebt, je ärger haßt er mich.
HERMIA. Soll ich denn schuld an seiner Torheit sein?
HELENA. Nur Eure Schönheit: wär die Schuld doch mein!
HERMIA. Getrost! ich werd ihm mein Gesicht entziehen.
Lysander wird mit mir von hinnen fliehen.
Vor jener Zeit, als ich Lysandern sah,
Wie schien Athen ein Paradies mir da!
Nun denn, wofür sind Reize wohl zu achten,

Die einen Himmel mir zur Hölle machten?

LYSANDER. Laß, Helena, dir unsern Schluß vertrauen:
Wenn morgen Phöbe die begrünten Auen
Mit ihrer Perlen feuchtem Schmuck betaut
Und ihre Stirn im Wellenspiegel schaut,
Wann Still' und Nacht verliebten Raub verhehlen,
Dann wollen wir zum Tor hinaus uns stehlen.

HERMIA. Und in dem Wald, wo oftmals ich und du
Auf Veilchenbetten pflogen sanfter Ruh,
Wo unsre Herzen schwesterlich einander
Sich öffneten, da trifft mich mein Lysander.
Wir suchen, von Athen hinweggewandt,
Uns neue Freunde dann in fremdem Land.
Leb wohl, Gespielin, bete für uns beide!
Demetrius sei deines Herzens Freude!
Lysander, halte Wort! - Was Lieb erquickt,
Wird unserm Blick bis morgen nacht entrückt.

Ab.

LYSANDER. Das will ich! - Lebet wohl nun, Helena!
Der Liebe Lohn sei Eurer Liebe nah.

Ab.

HELENA. Wie kann das Glück so wunderlich doch schalten!
Ich werde für so schön als sie gehalten.
Was hilft es mir, solang Demetrius
Nicht wissen will, was jeder wissen muß?
Wie Wahn ihn zwingt, an Hermias Blick zu hangen,
Vergöttr ich ihn, von gleichem Wahn befangen.
Dem schlechteren Ding an Art und an Gehalt
Leiht Liebe dennoch Ansehn und Gestalt.
Sie sieht mit dem Gemüt, nicht mit den Augen,

Und ihr Gemüt kann nie zum Urteil taugen.
Drum nennt man ja den Gott der Liebe blind.
Auch malt man ihn geflügelt und als Kind,
Weil er, von Spiel zu Spielen fortgezogen,
In seiner Wahl so häufig wird betrogen.
Wie Buben oft im Scherze lügen, so
Ist auch Cupido falscher Schwüre froh.
Eh Hermia meinen Liebsten mußt entführen,
Ergoß er mir sein Herz in tausend Schwüren;
Doch kaum erwärmt von jener neuen Glut,
Verrann, versiegte diese wilde Flut.
Jetzt geh ich, Hermias Flucht ihm mitzuteilen;
Er wird ihr nach zum Walde morgen eilen.
Zwar, wenn er Dank für den Bericht mir weiß,
So kauf ich ihn um einen teuren Preis.
Doch will ich, mich für meine Müh zu laben,
Hin und zurück des Holden Anblick haben.

Ab.

Zweite Szene

Eine Stube in einer Hütte

Squenz, Schnock, Zettel, Flaut, Schnauz *und* Schlucker *kommen*

Squenz. Ist unsre ganze Kompanie beisammen?

Zettel. Es wäre am besten, Ihr riefet sie auf einmal Mann für Mann auf, wie es die Liste gibt.

Squenz. Hier ist der Zettel von jedermanns Namen, der in ganz Athen für tüchtig gehalten wird, in unserm Zwischenspiel vor dem Herzog und der Herzogin zu agieren, an seinem Hochzeitstag zu Nacht.

ZETTEL. Erst, guter Peter Squenz, sag uns, wovon das Stück handelt; dann lies die Namen der Akteure ab und komm so zur Sache.

SQUENZ. Wetter, unser Stück ist - die höchst klägliche Komödie und der höchst grausame Tod des Pyramus und der Thisbe.

ZETTEL. Ein sehr gutes Stück Arbeit, ich sag's euch! und lustig! - Nun, guter Peter Squenz, ruf die Akteure nach dem Zettel auf. - Meister, stellt euch auseinander!

SQUENZ. Antwortet, wie ich euch rufe! - Klaus Zettel, der Weber.

ZETTEL. Hier! Sagt, was ich für einen Part habe, und dann weiter.

SQUENZ. Ihr, Klaus Zettel, seid als Pyramus angeschrieben.

ZETTEL. Was ist Pyramus ? Ein Liebhaber oder ein Tyrann?

SQUENZ. Ein Liebhaber, der sich auf die honetteste Manier vor Liebe umbringt.

ZETTEL. Das wird einige Tränen kosten bei einer wahrhaftigen Vorstellung. Wenn ich's mache, laßt die Zuhörer nach ihren Augen sehn! Ich will Sturm erregen, ich will eingermaßen lamentieren. Nun zu den übrigen; - eigentlich habe ich noch das beste Genie zu einem Tyrannen; ich könnte einen Herkles kostbarlich spielen, oder eine Rolle, wo man alles kurz und klein schlagen muß.

Der Felsen Schoß
Und toller Stoß
Zerbricht das Schloß
  Der Kerkertür,
Und Phöbus' Karrn
Kommt angefahrn
Und macht erstarrn
  Des stolzen Schicksals Zier.

Das ging prächtig. - Nun nennt die übrigen Akteure. -

Dies ist Herklessens Natur, eines Tyrannen Natur; ein Liebhaber ist schon mehr lamentabel.

SQUENZ. Franz Flaut, der Bälgenflicker!

FLAUT. Hier, Peter Squenz.

SQUENZ. Flaut, Ihr müßt Thisbe über Euch nehmen.

FLAUT. Was ist Thisbe? ein irrender Ritter?

SQUENZ. Es ist das Fräulein, das Pyramus lieben muß.

FLAUT. Ne, meiner Seel, laßt mich keine Weiberrolle machen; ich kriege schon einen Bart.

SQUENZ. Das ist alles eins! Ihr sollt's in einer Maske spielen und könnt so fein sprechen, als Ihr wollt.

ZETTEL. Wenn ich das Gesicht verstecken darf, so gebt mir Thisbe auch. Ich will mit 'ner terribel feinen Stimme reden: «Thisne, Thisne! - Ach Pyramus, mein Liebster schön! Deine Thisbe schön und Fräulein schön!»

SQUENZ. Nein, nein! Ihr müßt den Pyramus spielen und, Flaut, Ihr, die Thisbe.

ZETTEL. Gut, nur weiter!

SQUENZ. Matz Schlucker, der Schneider!

SCHLUCKER. Hier, Peter Squenz.

SQUENZ. Matz Schlucker, Ihr müßt Thisbes Mutter spielen. Thoms Schnauz, der Kesselflicker!

SCHNAUZ. Hier, Peter Squenz.

SQUENZ. Ihr, des Pyramus Vater, ich selbst Thisbes Vater; Schnock, der Schreiner, Ihr des Löwen Rolle. Und so wäre dann halt 'ne Komödie in den Schick gebracht.

SCHNOCK. Habt Ihr des Löwen Rolle aufgeschrieben? Bitt Euch, wenn Ihr sie habt, so gebt sie mir; denn ich habe einen schwachen Kopf zum Lernen.

SQUENZ. Ihr könnt sie ex tempore machen; es ist nichts wie brüllen.

ZETTEL. Laßt mich den Löwen auch spielen. Ich will brüllen, daß es einem Menschen im Leibe wohl tun soll, mich zu hören. Ich will brüllen, daß der Herzog sagen soll: «Noch mal brüllen! Noch mal brüllen!»

SQUENZ. Wenn Ihr es gar zu fürchterlich machtet, so würdet Ihr die Herzogin und die Damen erschrecken, daß sie schrien, und das brächte uns alle an den Galgen.

ALLE. Ja, das brächte uns an den Galgen, wie wir da sind.

ZETTEL. Zugegeben, Freunde! wenn ihr die Damen erst so erschreckt, daß sie um ihre fünf Sinne kommen, so weden sie unvernünftig genug sein, uns aufzuhängen. Aber ich will meine Stimme forcieren, ich will euch so sanft brülen wie ein saugendes Täubchen: - ich will euch brüllen, als wär es 'ne Nachtigall.

SQUENZ. Ihr könnt keine Rolle spielen als den Pyramus. Denn Pyramus ist ein Mann mit einem süßen Gesicht, ein hübscher Mann, wie man ihn nur an Festtagen verlangen kann, ein scharmanter, artiger Kavalier. Derhalben müßt Ihr platterdings den Pyramus spielen.

ZETTEL. Gut, ich nehm's auf mich. In was für einem Bart könnt ich ihn wohl am besten spielen?

SQUENZ. Nu, in was für einem Ihr wollt.

ZETTEL. Ich will ihn machen entweder in dem strohfarbenen Bart, oder in dem orangegelben Bart, oder in dem karmesinroten Bart, in dem ganz gelben.

SQUENZ. Hier, Meister, sind eure Rollen, und ich muß euch bitten, ermahnen und ersuchen, sie bis morgen nacht auswendig zu wissen. Trefft mich in dem Schloßwalde, eine Meile von der Stadt, bei Mondschein: da wollen wir probieren. Denn wenn wir in der Stadt zusammenkommen, werden wir ausgespürt, kriegen Zuhörer, und die Sache kommt aus. Zugleich will ich ein Verzeichnis von Artikeln machen, die zu unserm Spiele nötig sind. Ich bitt euch, bleibt mir nicht aus.

ZETTEL. Wir wollen kommen, und da können wir recht unverschämt und herzhaft probieren. Gebt euch Mühe! Könnt eure Rollen perfekt! Adieu!

SQUENZ. Bei des Herzogs Eiche treffen wir uns.
ZETTEL. Dabei bleibt's, es mag biegen oder brechen!

Zweiter Aufzug

Erste Szene

Ein Wald bei Athen

Eine Elfe *kommt von der einen Seite,* Puck *von der andern*

Puck. He, Geist! Wo geht die Reise hin?
Elfe. Über Täler und Höhn,
Durch Dornen und Steine,
Über Gräben und Zäune,
Durch Flammen und Seen
Wandl' ich, schlüpf ich überall,
Schneller als des Mondes Ball.

Ich dien der Elfenkönigin
Und tau ihr Ring' aufs Grüne hin.
Die Primeln sind ihr Hofgeleit;
Ihr seht die Fleck' am goldnen Kleid,
Das sind Rubinen, Feengaben,
Wodurch sie süß mit Düften laben.
Nun such ich Tropfen Taus hervor
Und häng 'ne Perl in jeder Primel Ohr.
Leb wohl! ich geh, du täppischer Geselle!
Der Zug der Königin kommt auf der Stelle.
Puck. Der König will sein Wesen nachts hier treiben.
Warnt nur die Königin, entfernt zu bleiben,
Weil Oberon vor wildem Grimme schnaubt,
Daß sie ein indisch Fürstenkind geraubt,

Als Edelknabe künftig ihr zu dienen;
Kein schönres Bübchen hat der Tag beschienen,
Und eifersüchtig fordert Ob'ron ihn,
Den rauhen Forst als Knappe zu durchziehn;
Doch sie versagt durchaus den holden Knaben,
Bekränzt ihn, will an ihm sich einzig laben.
Nun treffen sie sich nie in Wies und Hain,
Am klaren Quell, bei lustgem Sternenschein;
So zanken sie zu aller Elfen Schrecken,
Die sich geduckt in Eichelnäpfe stecken.

ELFE. Wenn du nicht ganz dich zu verstellen weißt,
So bist du jener schlaue Poltergeist,
Der auf dem Dorf die Dirnen zu erhaschen,
Zu necken pflegt; den Milchtopf zu benaschen;
Durch den der Brau mißrät, und mit Verdruß
Die Hausfrau atemlos sich buttern muß;
Der oft bei Nacht den Wandrer irreleitet,
Dann schadenfroh mit Lachen ihn begleitet.
Doch wer dich freundlich grüßt, dir Liebes tut,
Dem hilfst du gern, und ihm gelingt es gut.
Bist du der Kobold nicht?

PUCK. Du hast's geraten,
Ich schwärme nachts umher auf solche Taten;
Oft lacht bei meinen Scherzen Oberon.
Ich locke wiehernd mit der Stute Ton
Den Hengst, den Haber kitzelt in der Nase;
Auch lausch ich wohl in der Gevatt'rin Glase
Wie ein gebratner Apfel, klein und rund;
Und wenn sie trinkt, fahr ich ihr an den Mund,
Daß ihr das Bier die platte Brust betriefet.
Zuweilen hält, in Trauermär vertiefet,
Die weise Muhme für den Schemel mich;
Ich gleit ihr weg, sie setzt zur Erde sich
Auf ihren Steiß und schreit: «Perdauz! » und hustet;

Der ganze Kreis hält sich die Seiten, prustet,
Lacht lauter dann, bis sich die Stimm erhebt:
Nein, solch ein Spaß sei nimmermehr erlebt!
Mach Platz nun, Elfchen, hier kommt Oberon.
ELFE. Hier meine Königin. - O macht' er sich davon!

OBERON *mit seinem Zuge von der einen Seite,* TITANIA *mit dem ihrigen von der andern.*

OBERON. Schlimm treffen wir bei Mondenlicht, du stolze Titania!
TITANIA. Wie? Oberon ist hier,
Der Eifersüchtge? Elfen, schlüpft von hinnen,
Denn ich verschwor sein Bett und sein Gespräch.
OBERON. Vermeßne, halt! Bin ich nicht dein Gemahl?
TITANIA. So muß ich wohl dein Weib sein; doch ich weiß
Die Zeit, daß du dich aus dem Feenland
Geschlichen, tagelang als Corydon
Gesessen, spielend auf dem Haberrohr,
Und Minne der verliebten Phyllida
Gesungen hast. - Und warum kommst du jetzt
Von Indiens entferntestem Gebirg,
Als weil - ei denk doch! - weil die Amazone,
Die strotzende, hochaufgeschürzte Dame,
Dein Heldenliebchen, sich vermählen will?
Da kommst du denn, um ihrem Bette Heil
Und Segen zu verleihn.
OBERON. Titania,
Wie kannst du dich vermessen, anzuspielen
Auf mein Verständnis mit Hippolyta?
Da du doch weißt, ich kenne deine Liebe
Zum Theseus? Locktest du im Dämmerlichte
Der Nacht ihn nicht von Perigunen weg,
Die er vorher geraubt? Warst du nicht schuld,

Daß er der schönen Ägle Treue brach,
Der Ariadne und Antiopa?

TITANIA. Das sind die Grillen deiner Eifersucht!
Und nie seit Sommers Anfang trafen wir
Auf Hügeln noch im Tal, im Wald noch Wiese,
Am Kieselbrunnen, am beschilften Bach,
Noch an des Meeres Klippenstrand uns an
Und tanzten Ringel nach des Windes Pfeifen,
Daß dein Gezänk uns nicht die Lust verdarb.
Drum sog der Wind, der uns vergeblich pfiff,
Als wie zur Rache, böse Nebel auf
Vom Grund des Meers; die fielen auf das Land
Und machten jeden winzgen Bach so stolz,
Daß er des Bettes Dämme niederriß.
Drum schleppt der Stier sein Joch umsonst, der Pflüger
Vergeudet seinen Schweiß, das grüne Korn
Verfault, eh seine Jugend Bart gewinnt.
Leer steht die Hürd auf der ersäuften Flur,
Und Krähen prassen in der siechen Herde.
Verschlämmt vom Lehme liegt die Kegelbahn;
Unkennbar sind die artgen Labyrinthe
Im muntern Grün, weil niemand sie betritt.
Den Menschenkindern fehlt die Winterlust;
Kein Sang noch Jubel macht die Nächte froh.
Drum hat der Mond, der Fluten Oberherr,
Vor Zorne bleich, die ganze Luft gewaschen
Und fieberhafter Flüsse viel erzeugt.
Durch eben die Zerrüttung wandeln sich
Die Jahreszeiten; silberhaarger Frost
Fällt in den zarten Schoß der Purpurrose;
Indes ein würzger Kranz von Sommerknospen
Auf Hiems' Kinn und der beeisten Scheitel
Als wie zum Spotte prangt. Der Lenz, der Sommer,
Der zeitigende Herbst, der zornge Winter,

Sie alle tauschen die gewohnte Tracht,
Und die erstaunte Welt erkennt nicht mehr
An ihrer Frucht und Art, wer jeder ist.
Und diese ganze Brut von Plagen kommt
Von unserm Streit, von unserm Zwiespalt her;
Wir sind davon die Stifter und Erzeuger.

OBERON. So hilf dem ab! Es liegt an dir. Warum
Kränkt ihren Oberon Titania?
Ich bitte nur ein kleines Wechselkind
Zum Edelknaben.

TITANIA. Gib dein Herz zur Ruh!
Das Feenland kauft mir dies Kind nicht ab;
Denn seine Mutter war aus meinem Orden
Und hat in Indiens gewürzter Luft
Gar oft mit mir die Nächte weggeschwatzt.
Wir saßen auf Neptunus' gelbem Sand,
Sahn nach den Handelsschiffen auf der Flut
Und lachten, wenn vom üppgen Spiel des Windes
Der Segel schwangrer Leib zu schwellen schien.
Dies ahmte sie, mit kleinen Schritten wankend
(Ihr Leib trug damals meinen kleinen Junker),
Aus Torheit nach und segelt' auf dem Lande
Nach Spielereien aus und kehrte, reich
An Ware, wie von einer Reise, heim.
Doch sie, ein sterblich Weib, starb an dem Kinde,
Und ihr zulieb erzieh ich nun das Kind,
Und ihr zuliebe geb ich es nicht weg.

OBERON. Wie lange denkt Ihr hier im Hain zu weilen?

TITANIA. Vielleicht bis nach des Theseus Hochzeitsfest.
Wollt Ihr in unsern Ringen ruhig tanzen
Und unsre lustgen Mondscheinspiele sehn,
So kommt mit uns! Wo nicht: vermeidet mich,
Und ich will nie mich nahen, wo Ihr haust.

OBERON. Gib mir das Kind, so will ich mit dir gehn.

Titania. Nicht um dein Königreich. - Ihr Elfen, fort mit mir;
Denn Zank erhebt sich, weil' ich länger hier.

Mit ihrem Gefolge *ab.*

Oberon. Gut, zieh nur hin! du sollst aus diesem Walde
Nicht eher, bis du mir den Trotz gebüßt.
Mein guter Puck, komm her! Weißt du noch wohl,
Wie ich einst saß auf einem Vorgebirge
Und 'ne Sirene, die ein Delphin trug,
So süße Harmonien hauchen hörte,
Daß die empörte See gehorsam ward,
Daß Sterne wild aus ihren Kreisen fuhren,
Der Nymphe Lied zu hören?
Puck. Ja, ich weiß.
Oberon. Zur selben Zeit sah ich (du konntest nicht)
Cupido zwischen Mond und Erde fliegen
In voller Wehr; er zielt' auf eine holde
Vestal', im Westen thronend, scharfen Blicks,
Und schnellte rasch den Liebespfeil vom Bogen,
Als sollt er hunderttausend Herzen spalten.
Allein ich sah das feurige Geschoß
Im keuschen Strahl des feuchten Monds verlöschen;
Die königliche Priesterin ging weiter
In sittsamer Betrachtung, liebefrei;
Doch merkt ich auf den Pfeil, wohin er fiele;
Er fiel gen Westen auf ein zartes Blümchen,
Sonst milchweiß, purpurn nun durch Amors Wunde,
Und Mädchen nennen's «Lieb' im Müßiggang».
Hol mir die Blum! Ich wies dir einst das Kraut;
Ihr Saft, geträufelt auf entschlafne Wimpern,
Macht Mann und Weib in jede Kreatur,
Die sie zunächst erblicken, toll vergafft.
Hol mir das Kraut; doch komm zurück, bevor

Der Leviathan eine Meile schwimmt.
PUCK. Rund um die Erde zieh ich einen Gürtel
In viermal zehn Minuten.

Ab.

OBERON. Hab ich nur
Den Saft erst, so belausch ich, wenn sie schläft,
Titanien und träufl ihn ihr ins Auge.
Was sie zunächst erblickt, wenn sie erwacht,
Sei's Löwe, sei es Bär, Wolf oder Stier,
Ein naseweiser Aff, ein Paviänchen:
Sie soll's verfolgen mit der Liebe Sinn;
Und eh ich sie von diesem Zauber löse,
Wie ich's vermag mit einem andern Kraut,
Muß sie mir ihren Edelknaben lassen.
Doch still, wer kommt hier? Ich bin unsichtbar
Und will auf ihre Unterredung horchen.

DEMETRIUS *und* HELENA *treten auf.*

DEMETRIUS. Ich lieb dich nicht; verfolge mich nicht mehr!
Wo ist Lysander und die schöne Hermia?
Ihn töten möcht ich gern; sie tötet mich.
Du sagtest mir von ihrer Flucht hieher;
Nun bin ich hier, bin in der Wildnis wild,
Weil ich umsonst hier meine Hermia suche.
Fort! heb dich weg und folge mir nicht mehr!
HELENA. Du ziehst mich an, hartherziger Magnet!
Doch ziehest du nicht Eisen, denn mein Herz
Ist echt wie Stahl. Laß ab, mich anzuziehn,
So hab ich dir zu folgen keine Macht.
DEMETRIUS. Lock ich Euch an und tu ich schön mit Euch?
Sag ich Euch nicht die Wahrheit rund heraus,

Daß ich Euch nimmer lieb und lieben kann?
HELENA. Und eben darum lieb ich Euch nur mehr!
Ich bin Eur Hündchen, und, Demetrius,
Wenn Ihr mich schlagt, ich muß Euch dennoch schmeicheln.
Begegnet mir wie Eurem Hündchen nur,
Stoßt, schlagt mich, achtet mich gering, verliert mich:
Vergönnt mir nur, unwürdig, wie ich bin,
Euch zu begleiten. Welchen schlechtern Platz
Kann ich mir wohl in Eurer Lieb erbitten
(Und doch ein Platz von hohem Wert für mich),
Als daß Ihr so wie Euren Hund mich haltet?
DEMETRIUS. Erreg nicht so den Abscheu meiner Seele!
Mir ist schon übel, blick ich nur auf dich.
HELENA. Und mir ist übel, blick ich nicht auf Euch.
DEMETRIUS. Ihr tretet Eurer Sittsamkeit zu nah,
Da Ihr die Stadt verlaßt und einem Mann
Euch in die Hände gebt, der Euch nicht liebt;
Da Ihr den Lockungen der stillen Nacht
Und einer öden Stätte bösem Rat
Das Kleinod Eures Mädchentums vertraut.
HELENA. Zum Schutzbrief dienet Eure Tugend mir;
Es ist nicht Nacht, wenn ich Eur Antlitz sehe;
Drum glaub ich jetzt, es sei nicht Nacht um mich.
Auch fehlt's hier nicht an Welten von Gesellschaft,
Denn Ihr seid ja für mich die ganze Welt.
Wie kann man sagen nun, ich sei allein,
Da doch die ganze Welt hier auf mich schaut?
DEMETRIUS. Ich laufe fort, verberge mich im Busch
Und lasse dich der Gnade wilder Tiere.
HELENA. Das wildeste hat nicht ein Herz wie du.
Lauft, wenn Ihr wollt! Die Fabel kehrt sich um:
Apollo flieht, und Daphne setzt ihm nach;
Die Taube jagt den Greif; die sanfte Hindin

Stürzt auf den Tiger sich. Vergebne Eil,
Wenn vor der Zagheit Tapferkeit entflieht!

DEMETRIUS. Ich steh nicht länger Rede: laß mich gehn!
Wo du mir folgst, so glaube sicherlich,
Ich tue dir im Walde Leides noch.

HELENA. Ach, in der Stadt, im Tempel, auf dem Felde
Tust du mir Leides. Pfui, Demetrius!
Dein Unglimpf würdigt mein Geschlecht herab.
Um Liebe kämpft ein Mann wohl mit den Waffen;
Wir sind, um euch zu werben, nicht geschaffen.
Ich folge dir und finde Wonn in Not,
Gibt die geliebte Hand mir nur den Tod.

Beide ab.

OBERON. Geh, Nymphe, nur! Er soll uns nicht von hinnen,
Bis du ihn fliehst und er dich will gewinnen -

PUCK *kommt zurück.*

Hast du die Blume da? Willkommen, Wildfang!

PUCK. Da ist sie, seht!

OBERON. Ich bitt dich, gib sie mir.
Ich weiß 'nen Hügel, wo man Quendel pflückt,
Wo aus dem Gras Viol' und Maßlieb nickt,
Wo dicht gewölbt des Geißblatts üppge Schatten
Mit Hagedorn und mit Jasmin sich gatten.
Dort ruht Titania, halbe Nächte kühl
Auf Blumen eingewiegt durch Tanz und Spiel.
Die Schlange legt die bunte Haut dort nieder,
Ein weit Gewand für eines Elfen Glieder.
Ich netz ihr Aug mit dieser Blume Saft,
Der ihr den Kopf voll schnöder Grillen schafft.
Nimm auch davon, und such in diesem Holze:

Ein holdes Mädchen wird mit sprödem Stolze
Von einem Jüngling, den sie liebt, verschmäht.
Salb ihn, doch so, daß er die Schön' erspäht,
Sobald er aufwacht. Am athenischen Gewand
Wird ohne Müh der Mann von dir erkannt.
Verfahre sorgsam, daß mit heißerm Triebe,
Als sie den Liebling, er sie wieder liebe,
Und triff mich vor dem ersten Hahnenschrei.

PUCK. Verlaßt Euch, Herr, auf Eures Knechtes Treu.

Sie gehen ab.

Zweite Szene

Ein anderer Teil des Waldes

TITANIA *kommt mit ihrem* GEFOLGE

TITANIA. Kommt! einen Ringel-, einen Feensang!
Dann auf das Drittel 'ner Minute fort!
Ihr, tötet Raupen in den Rosenknospen!
Ihr andern führt mit Fledermäusen Krieg,
Bringt ihrer Flügel Balg als Beute heim,
Den kleinen Elfen Röcke draus zu machen!
Ihr endlich sollt den Kauz, der nächtlich kreischt
Und über unsre schmucken Geister staunt,
Von uns verscheuchen! Singt mich nun in Schlaf;
An eure Dienste dann und laßt mich ruhn!

Lied.

ERSTE ELFE. Bunte Schlangen, zweigezüngt,
Igel, Molche, fort von hier!

Daß ihr euren Gift nicht bringt
In der Königin Revier!
CHOR. Nachtigall, mit Melodei
Sing in unser Eiapopei!
Eiapopeia! Eiapopei!
Daß kein Spruch,
Kein Zauberfluch
Der holden Herrin schädlich sei.
Nun gute Nacht mit Eiapopei!
ZWEITE ELFE. Schwarze Käfer, uns umgebt
Nicht mit Summen! Macht euch fort!
Spinnen, die ihr künstlich webt,
Webt an einem andern Ort!
CHOR. Nachtigall, mit Melodei
Sing in unser Eiapopei!
Eiapopeia! Eiapopei!
Daß kein Spruch,
Kein Zauberfluch
Der holden Herrin schädlich sei.
Nun gute Nacht mit Eiapopei!
ERSTE ELFE. Alles gut, nun auf und fort!
Einer halte Wache dort!

ELFEN *ab.* TITANIA *schläft.*
OBERON *tritt auf.*

OBERON *(zu* TITANIA, *indem er die Blume über ihren Augenlidern ausdrückt).*
Was du wirst erwachend sehn,
Wähl es dir zum Liebsten schön;
Seinetwegen schmacht und stöhn,
Sei es Brummbär, Kater, Luchs,
Borstger Eber oder Fuchs;
Was sich zeigt an diesem Platz,

Wenn du aufwachst, wird dein Schatz,
Sähst du gleich die ärgste Fratz!

Ab.

LYSANDER *und* HERMIA *treten auf.*

LYSANDER. Kaum tragen durch den Wald Euch noch die Füße,
Und ich gesteh es, ich verlor den Pfad.
Wollt Ihr, so laßt uns ruhen, meine Süße,
Bis tröstend sich das Licht des Tages naht.

HERMIA. Ach ja, Lysander! sucht für Euch ein Bette;
Der Hügel hier sei meine Schlummerstätte.

LYSANDER. Ein Rasen dien als Kissen für uns zwei:
Ein Herz, ein Bett, zwei Busen, eine Treu.

HERMIA. Ich bitt Euch sehr! Um meinetwillen, Lieber!
Liegt nicht so nah! Liegt weiter dort hinüber!

LYSANDER. O ärgert Euch an meiner Unschuld nicht!
Die Liebe deute, was die Liebe spricht.
Ich meinte nur, mein Herz sei Eurem so verbunden,
Daß nur ein Herz in beiden wird gefunden.
Verkettet hat zwei Busen unser Schwur:
So wohnt in zweien eine Treue nur.
Erlaubet denn, daß ich mich zu Euch füge,
Denn, Herz, ich lüge nicht, wenn ich so liege.

HERMIA. Wie zierlich spielt mit Worten doch mein Freund! -
Ich würde selbst ja meiner Unart feind,
Hätt ich «Lysander lüge», je gemeint.
Doch aus Gefälligkeit und Lieb, ich bitte,
Rückt weiter weg! so weit, wie nach der Sitte
Der Menschen sich, getrennt von einem Mann,
Ein tugendsames Mädchen betten kann.
Der Raum sei zwischen uns. - Schlaf süß! Der Himmel gebe,

Daß, bis dein Leben schließt, die Liebe lebe!
LYSANDER. Amen! so holder Bitte stimm ich bei:
Mein Herz soll brechen, bricht es meine Treu.
Mög alle Ruh des Schlafes bei dir wohnen!
HERMIA. Des Wunsches Hälfte soll den Wünscher lohnen!

Sie schlafen.

PUCK *(tritt auf).*
Wie ich auch den Wald durchstrich,
Kein Athener zeigte sich,
Zum Versuch auf seinem Auge,
Was dies Liebesblümchen tauge.
Aber wer - o Still und Nacht -
Liegt da in Athenertracht?
Er ist's, den mein Herr gesehn
Die Athenerin verschmähn;
Hier schläft auch ruhig und gesund
Das Mädchen auf dem feuchten Grund.
Die Arme darf nicht liegen nah
Dem Schlagetot der Liebe da.
Allen Zauber dieses Taus,
Flegel, gieß ich auf dich aus.
(Indem er den Saft über seine Augen auspreßt.)
Wachst du auf, so scheuch den Schlummer
Dir vom Aug der Liebe Kummer!
Nun erwach! Ich geh davon,
Denn ich muß zum Oberon.

DEMETRIUS *und* HELENA, *beide laufend.*

HELENA. Demetrius, sollt's auch mein Tod sein, steh!
DEMETRIUS. O quäle mich nicht so! Fort, sag ich, geh!
HELENA. Ach, du verlässest mich im Dunkel hier?

DEMETRIUS. Ich geh allein; du bleib, das rat ich dir.

DEMETRIUS *ab.*

HELENA. Die tolle Jagd, sie macht mir weh und bange;
Je mehr ich fleh, je minder ich erlange.
Wo Hermia ruhen mag? Sie ist beglückt;
Denn sie hat Augen, deren Strahl entzückt.
Wie wurden sie so hell? Durch Tränen? nein,
Sonst müßten meine ja noch heller sein.
Nein, ich bin ungestalt wie wilde Bären,
Daß Tiere sich voll Schrecken von mir kehren.
Was Wunder also, daß Demetrius
Gleich einem Ungeheur mich fliehen muß?
Vor welchem Spiegel konnt ich mich vergessen,
Mit Hermias Sternenaugen mich zu messen?
Doch, was ist dies? Lysander, der hier ruht?
Tot oder schlafend? Seh ich doch kein Blut.
Lysander, wenn Ihr lebt, so hört! erwachet!
LYSANDER *(im Erwachen).*
Durchs Feuer lauf ich, wenn's dir Freude machet!
Verklärte Helena, so zart gewebt,
Daß sichtbar sich dein Herz im Busen hebt!
Wo ist Demetrius? O der Verbrecher!
Sein Name sei vertilgt! Dies Schwert dein Rächer!
HELENA. Sprecht doch nicht so, Lysander, sprecht nicht so!
Liebt er schon Eure Braut: ei nun, seid froh!
Sie liebt Euch dennoch stets.
LYSANDER. O nein! wie reut
Mich die bei ihr verlebte träge Zeit!
Nicht Hermia, Helena ist jetzt mein Leben;
Wer will die Kräh nicht für die Taube geben?
Der Wille wird von der Vernunft regiert:
Mir sagt Vernunft, daß Euch der Preis gebührt.

Ein jedes Ding muß Zeit zum Reifen haben;
So reiften spät in mir des Geistes Gaben.
Erst jetzt, da ich am Ziel des Mannes bin,
Wird die Vernunft des Willens Führerin
Und läßt mich nun der Liebe Tun und Wesen
In goldner Schrift in Euren Augen lesen.

HELENA. Weswegen ward ich so zum Hohn erwählt?
Verdient ich es um Euch, daß Ihr mich quält?
War's nicht genug, genug nicht, junger Mann,
Daß ich nicht einen Blick gewinnen kann,
Nicht einen holden Blick von meinem Lieben,
Müßt Ihr mit Spötterein mich noch betrüben?
Ihr tut, fürwahr, Ihr tut an mir nicht recht,
Daß Ihr um mich zu buhlen Euch erfrecht.
Gehabt Euch wohl! Allein, ich muß gestehen,
Ich glaubt' in Euch mehr Edelmut zu sehen.
O daß, verschmäht von einem Mann, ein Weib
Dem andern dienen muß zum Zeitvertreib!

Ab.

LYSANDER. Sie siehet Hermia nicht. - So schlaf nur immer,
Und nahtest du Lysandern doch dich nimmer!
Wie nach dem Übermaß von Näschereien
Der Ekel pflegt am heftigsten zu sein;
Wie die am meisten Ketzereien hassen,
Die, einst betört, sie wiederum verlassen:
Mein Übermaß! mein Wahn! so flieh ich dich;
Dich hasse jeder, doch am ärgsten ich. -
Nun strebt nach Helena, Mut, Kraft und Sinne,
Daß ich ihr Ritter werd und sie gewinne!

Ab.

Hermia *(fährt auf)*.

O hilf, Lysander, hilf mir! Siehst du nicht
Die Schlange, die den Busen mir umflicht?
Weh mir! Erbarmen! - Welch ein Traum, mein Lieber?
Noch schüttelt mich das Schrecken wie ein Fieber.
Mir schien es, eine Schlange fräß mein Herz,
Und lächelnd sähst du meinen Todesschmerz. -
Lysander! wie, Lysander, du bist fort?
Du hörst mich nicht? O Gott! kein Laut? kein Wort?
Wo bist du? Um der Liebe willen, sprich,
Wenn du mich hörst! Es bringt zur Ohnmacht mich. -
Noch nicht? Nun seh ich wohl, ich darf nicht weilen:
Dich muß ich oder meinen Tod ereilen.

Ab.

Dritter Aufzug

Erste Szene

Der Wald. Die ELFENKÖNIGIN *liegt noch schlafend*

SQUENZ, ZETTEL, SCHNOCK, FLAUT, SCHNAUZ, SCHLUCKER
treten auf

ZETTEL. Sind wir alle beisammen?

SQUENZ. Aufs Haar; und hier ist ein prächtig bequemer Platz zu unserer Probe. Dieser grüne Fleck soll unser Theater sein, diese Weißdornhecke unsre Kammer zum Anziehen, und wir wollen's in Aktion vorstellen, wie wirs vor dem Herzoge vorstellen wollen.

ZETTEL. Peter Squenz -

SQUENZ. Was sagst du, lieber Sappermentszettel?

ZETTEL. Es kommen Dinge vor in dieser Komödie von Pyramus und Thisbe, die nimmermehr gefallen werden. Erstens: Pyramus muß ein Schwert ziehen, um sich selbst umzubringen, und das können die Damen nicht vertragen. He! Was wollt Ihr darauf antworten?

SCHNAUZ. Potz Kuckuck, ja! ein gefährlicher Punkt.

SCHLUCKER. Ich denke, wir müssen am Ende das Totmachen auslassen.

ZETTEL. Nicht ein Tüttelchen; ich habe einen Einfall, der alles gutmacht. Schreibt mir einen Prolog, und laßt den Prolog verblümt zu verstehen geben, daß wir mit unsern Schwertern keinen Schaden tun wollen; und daß Pyramus nicht wirklich tot gemacht wird; und zu mehr besserer

Sicherheit sagt ihnen, daß ich, Pyramus, nicht Pyramus bin, sondern Zettel, der Weber. Das wird ihnen schon die Furcht benehmen.

SQUENZ. Gut, wir wollen einen solchen Prologus haben, und er soll in Acht- und Sechssilbern geschrieben sein.

ZETTEL. Nein, nehmt zwei mehr, laßt's Achtsilber sein.

SCHNAUZ. Werden die Damen nicht auch vor dem Löwen erschrecken?

SCHLUCKER. Ich fürcht es, davor steh ich euch.

ZETTEL. Meister, ihr solltet dies bei euch selbst überlegen. Einen Löwen - Gott behüt uns! - unter Damen zu bringen, ist eine greuliche Geschichte; es gibt kein grausameres Wildbret als so'n Löwe, wenn er lebendig ist; und wir sollten uns vorsehn.

SCHNAUZ. Derhalben muß ein andrer Prologus sagen, daß er kein Löwe ist.

ZETTEL. Ja, ihr müßt seinen Namen nennen, und sein Gesicht muß halb durch des Löwen Hals gesehen werden; und er selbst muß durchsprechen und sich so oder ungefähr so applizieren: Gnädige Frauen, oder schöne gnädige Frauen, ich wollte wünschen, oder ich wollte ersuchen, oder ich wollte gebeten haben, fürchten Sie nichts, zittern Sie nicht so; mein Leben für das Ihrige! Wenn Sie dächten, ich käme hieher als ein Löwe, so dauerte mich nur meine Haut. Nein, ich bin nichts dergleichen; ich bin ein Mensch wie andre auch; - und dann laßt ihn nur seinen Namen nennen und ihnen rund heraus sagen, daß er Schnock der Schreiner ist.

SQUENZ. Gut, so soll's auch sein. Aber da sind noch zwei harte Punkte: nämlich, den Mondschein in die Kammer zu bringen; denn ihr wißt, Pyramus und Thisbe kommen bei Mondschein zusammen.

SCHNOCK. Scheint der Mond in der Nacht, wo wir unser Spiel spielen?

Zettel. Einen Kalender! Einen Kalender! Seht in den Almanach! Suchet Mondschein! Suchet Mondschein!

SQUENZ. Ja, er scheint die Nacht.

ZETTEL. Gut, so könnt ihr ja einen Flügel von dem großen Stubenfenster, wo wir spielen, offenlassen, und der Mond kann durch den Flügel herein scheinen.

SQUENZ. Ja, oder es könnte auch einer mit einem Dornbusch und einer Laterne herauskommen und sagen, er komme, die Person des Mondscheins zu defigurieren oder zu prä sentieren. Aber da ist noch ein Punkt: wir müssen in der großen Stube eine Wand haben; denn Pyramus und This be, sagt die Historie, redeten durch die Spalte einer Wand miteinander.

SCHNOCK. Ihr bringt mein Leben keine Wand hinein. Was sagst du, Zettel?

ZETTEL. Einer oder der andre muß Wand vorstellen; und laßt ihn ein bißchen Kalk, oder ein bißchen Lehm, oder ein bißchen Mörtel an sich haben, um Wand zu bedeuten; und laßt ihn seine Finger so halten, und durch die Klinze sollen Pyramus und Thisbe wispern.

SQUENZ. Wenn das sein kann, so ist alles gut. Kommt, setzt euch, jeder Mutter Sohn, und probiert eure Parte. Pyramus, Ihr fangt an; wann Ihr Eure Rede ausgeredet habt, so tretet hinter den Zaun; und so jeder nach seinem Stichwort.

PUCK *tritt auf.*

PUCK. Welch hausgebacknes Volk macht hier sich breit,
So nah der Wiege unsrer Königin?
Wie? gibt's ein Schauspiel? Ich will Hörer sein,
Mitspieler auch vielleicht, nachdem sich's fügt.

SQUENZ. Sprecht, Pyramus; Thisbe, tretet vor.

PYRAMUS. «Thisbe, wie eine Blum' von Giften duftet süß -»

SQUENZ. Düften! Düften!

PYRAMUS. «- - von Düften duftet süß,
So tut dein Atem auch, o Thisbe, meine Zier.
Doch horch, ich hör ein' Stimm; es ist mein Vater gewiß;
Bleib eine Weile stehn, ich bin gleich wieder hier.»

Ab.

PUCK *(beiseite).*
Ein seltnes Stück von einem Pyramus.

Ab.

THISBE. Muß ich jetzt reden?

SQUENZ. Ja, zum Henker, freilich müßt Ihr; Ihr müßt wissen, er geht nur weg, um ein Geräusch zu sehen, das er gehört hat, und wird gleich wiederkommen.

THISBE. «Umstrahlter Pyramus, an Farbe lilienweiß
Und rot wie eine Ros auf triumphierndem Strauch;
Du muntrer Juvenil, der Männer Zier und Preis,
Treu wie das treuste Roß, das nie ermüdet auch.
Ich will dich treffen an, glaub mir, bei Nickels Grab.»

SQUENZ. Ninus' Grab, Kerl. Aber das müßt Ihr jetzt noch nicht sagen, das antwortet Ihr dem Pyramus. Ihr sagt Euren ganzen Part auf einmal her, Stichwörter und den ganzen Plunder. - Pyramus, tretet auf, Euer Stichwort ist schon dagewesen; es ist: «ermüdet auch.»

ZETTEL *mit einem Eselskopfe und* PUCK *kommen zurück.*

THISBE. Uf - «So treu, wie's treuste Pferd, das nie ermüdet auch.»

PYRAMUS. «Wenn, Thisbe, ich wär schön, so wär ich einzig dein.»

Squenz. O greulich! erschrecklich! Es spukt hier. Ich bitt euch, Meister! lauft, Meister! Hilfe!

Sie laufen davon.

Puck. Nun jag ich euch und führ euch kreuz und quer
Durch Dorn, durch Busch, durch Sumpf, durch Wald.
Bald bin ich Pferd, bald Eber, Hund und Bär,
Erschein als Werwolf und als Feuer bald,
Will grunzen, wiehern, bellen, brummen, flammen
Wie Eber, Pferd, Hund, Bär und Feur zusammen.

Ab.

Zettel. Warum laufen sie weg? Dies ist eine Schelmerei von ihnen, um mich fürchten zu machen.

Schnauz *kommt zurück.*

Schnauz. O Zettel! du bist verwandelt! Was seh ich an dir?

Zettel. Was du siehst? Du siehst deinen eigenen Eselskopf. Nicht?

Schnauz *ab.*
Squenz *kommt zurück.*

Squenz. Gott behüte dich, Zettel! Gott behüte dich! du bist transferiert.

Ab.

Zettel. Ich merke ihre Schelmerei: sie wollen einen Esel aus mir machen, mich fürchten machen, wenn sie können. Aber ich will hier nicht von der Stelle; lass' sie machen,

was sie wollen; ich will hier auf und ab spazieren und singen, damit sie sehen, daß ich mich nicht fürchte.
(Er singt.)

Die Schwalbe, die den Sommer bringt,
  Der Spatz, der Zeisig fein,
Die Lerche, die sich lustig schwingt
  Bis in den Himmel 'nein -:

Titania *(erwachend).*
Weckt mich von meinem Blumenbett ein Engel?

Zettel *(singt).*
Der Kuckuck, der der Grasmück
  So gern ins Nestchen heckt
Und lacht darob mit arger Tück
  Und manchen Ehmann neckt -:

Denn sein Rufen soll eine gar gefährliche Vorbedeutung sein, und wem jückt es nicht ein bißchen an der Stirne, wenn er sich Kuckuck grüßen hört?

Titania. Ich bitte dich, du holder Sterblicher,
Sing noch einmal! Mein Ohr ist ganz verliebt
In deine Melodie; auch ist mein Auge
Betört von deiner lieblichen Gestalt;
Gewaltig treibt mich deine schöne Tugend,
Beim ersten Blick dir zu gestehn, zu schwören:
Daß ich dich liebe.

Zettel. Mich dünkt, Madame, Sie könnten dazu nicht viel Ursache haben. Und doch, die Wahrheit zu sagen, halten Vernunft und Liebe heutzutage nicht viel Gemeinschaft. Schade, daß ehrliche Nachbarn sie nicht zu Freunden machen wollen! Gelt, ich kann auch spaßen, wenn's darauf ankommt.

Titania. Du bist so weise, wie du reizend bist.

Zettel. Das nun just auch nicht. Doch, wenn ich Witz genug hätte, um aus diesem Walde zu kommen, so hätte ich just so viel, als mir nötig täte.

TITANIA. Begehre nicht, aus diesem Hain zu fliehn;
Du mußt hier, willig oder nicht, verziehn.
Ich bin ein Geist von nicht gemeinem Stande;
Ein ewger Sommer zieret meine Lande;
Und sieh, ich liebe dich! drum folge mir.
Ich gebe Elfen zur Bedienung dir;
Sie sollen Perlen aus dem Meer dir bringen
Und, wenn du leicht auf Blumen schlummerst, singen.
Ich will vom Erdenstoffe dich befrein,
Daß du so luftig sollst wie Geister sein.
Senfsamen! Bohnenblüte! Motte! Spinnweb!

Vier ELFEN *treten auf.*

ERSTER ELF. Hier!
ZWEITER ELF. Und ich!
DRITTER ELF. Und ich!
VIERTER ELF. Und ich!
ALLE. Was sollen wir?
TITANIA. Gefällig seid und dienstbar diesem Herrn.
Hüpft, wo er geht, und gaukelt um ihn her;
Sucht Aprikos' ihm auf und Stachelbeer';
Maulbeeren gebt ihm, Feigen, Purpurtrauben;
Ihr müßt der Biene Honigsack ihm rauben;
Zur Kerze nehmt von ihr ein wächsern Bein
Und steckt es an bei eines Glühwurms Schein,
Zu leuchten meinem Freund Bett aus und ein;
Mit bunter Schmetterlinge Flügelein
Wehrt fächelnd ihm vom Aug den Mondenschein.
Nun, Elfen, huldigt ihm und neigt euch fein.
ERSTER ELF. Heil dir, Sterblicher!
ZWEITER ELF. Heil!
DRITTER ELF. Heil!
VIERTER ELF. Heil!

Zettel. Ich flehe Euer Gnaden von ganzem Herzen um Verzeihung, Ich bitte um Euer Gnaden Namen.

Spinnweb. Spinnweb.

Zettel. Ich wünsche näher mit Ihnen bekannt zu werden, guter Musje Spinnweb. Wenn ich mich in den Finger schneide, werde ich so frei sein, Sie zu gebrauchen. - Ihr Name, ehrsamer Herr?

Bohnenblüte. Bohnenblüte.

Zettel. Ich bitte Sie, empfehlen Sie mich Madame Hülse, Ihrer Frau Mutter, und Herrn Bohnenschote, Ihrem Herrn Vater. Guter Herr Bohnenblüte, auch mit Ihnen hoffe ich näher bekannt zu werden. - Ihren Namen, mein Herr, wenn ich bitten darf.

Senfsamen. Senfsamen.

Zettel. Lieber Musje Senfsamen, ich kenne Ihre Geduld gar wohl. Jener niederträchtige und ungeschlachte Kerl, Rinderbraten, hat schon manchen wackern Herrn von Ihrem Hause verschlungen. Sei'n Sie versichert, Ihre Freundschaft hat mir schon oft die Augen übergehen machen. Ich wünsche nähere Bekanntschaft, lieber Musje Senfsamen.

Titania. Kommt, führt ihn hin zu meinem Heiligtume!
Mich dünkt, von Tränen blinke Lunas Glanz;
Und wenn sie weint, weint jede kleine Blume
Um einen wild zerrißnen Mädchenkranz.
Ein Zauber soll des Liebsten Zunge binden:
Wir wollen still den Weg zur Laube finden.

Alle ab.

Oberon *(tritt auf)*.
Mich wundert's, ob Titania erwachte
Und welch Geschöpf ihr gleich ins Auge fiel,
Worin sie sterblich sich verlieben

Puck kommt.

Da kommt mein Bote ja. - Nun, toller Geist,
Was spuken hier im Wald für Abenteuer?
PUCK. Herr, meine Fürstin liebt ein Ungeheuer.
Sie lag in Schlaf versunken auf dem Moos
In ihrer heilgen Laube dunklem Schoß,
Als eine Schar von lumpgen Handwerksleuten,
Die mühsam kaum ihr täglich Brot erbeuten,
Zusammenkommt und hier ein Stück probiert,
So sie auf Theseus' Hochzeitstag studiert.
Der ungesalzenste von den Gesellen,
Den Pyramus berufen vorzustellen,
Tritt von der Bühn und wartet im Gesträuch;
Ich nutze diesen Augenblick sogleich,
Mit einem Eselskopf ihn zu begaben.
Nicht lange drauf muß Thisbe Antwort haben;
Mein Mime tritt heraus; kaum sehen ihn
Die Freund, als sie wie wilde Gänse fliehn,
Wenn sie des Jägers leisen Tritt erlauschen;
Wie graue Krähen, deren Schwarm mit Rauschen
Und Krächzen auffliegt, wenn ein Schuß geschieht,
Und wild am Himmel da- und dorthin zieht.
Vor meinem Spuk rollt der sich auf der Erde,
Der schreiet Mord! mit kläglicher Gebärde;
Das Schrecken, das sie sinnlos machte, lieh
Sinnlosen Dingen Waffen gegen sie.
An Dorn und Busch bleibt Hut und Ärmel stecken;
Sie fliehn hindurch, berupft an allen Ecken.
In solcher Angst trieb ich sie weiter fort,
Nur Schätzchen Pyramus verharrte dort.
Gleich mußte nun Titania erwachen
Und aus dem Langohr ihren Liebling machen.
OBERON. Das geht ja über mein Erwarten schön.

Doch hast du auch den Jüngling von Athen,
Wie ich dir auftrug, mit dem Saft bestrichen?
PUCK. O ja, ich habe schlafend ihn beschlichen.
Das Mädchen ruhte neben ihm ganz dicht:
Erwacht er, so entgeht sein Aug ihr nicht.

DEMETRIUS *und* HERMIA *treten auf.*

OBERON. Tritt her; da kommt ja der Athener an.
PUCK. Das Mädchen ist es, aber nicht der Mann.
DEMETRIUS. O könnt Ihr so, weil ich Euch liebe, schmälen?
Den Todfeind solltet Ihr so tödlich quälen!
HERMIA. Noch mehr verdient, was ich von dir erfuhr;
Denn fluchen sollt ich dir und schalt dich nur.
Erschlugst du mir Lysandern, weil er ruhte,
So bad, einmal befleckt, dich ganz im Blute
Und töt auch mich!
Die Sonne liebt den Tag nicht treuer, steter,
Als wie er mich: nun wär er als Verräter
Entflohn, indes ich schlief? Nein, nimmermehr!
Eh wollt ich glauben, daß es möglich wär,
Ganz zu durchbohren dieser Erde Boden
Und durch die Öffnung zu den Antipoden
Zu senden des verwegnen Mondes Gruß,
Der hellen Mittagssonne zum Verdruß.
Es kann nicht anders sein: du mordetest ihn mir.
So sieht ein Mörder aus, so graß, so stier!
DEMETRIUS. So siehet ein Erschlagner aus, so ich:
Denn Eure Grausamkeit durchbohrte mich.
Doch Ihr, die Mördrin, glänzet wie Cythere
Am Himmel dort in ihrer lichten Sphäre.
HERMIA. Was soll mir dies? Wo ist Lysander? spricht -
Gib ihn mir wieder, Freund, ich bitte dich.
DEMETRIUS. Den Hunden gäb ich lieber seine Leiche.

Hermia. Hinweg, du Hund! du treibst durch deine Streiche
Mich armes Weib zur Wut. Hast du ihn umgebracht:
Nie werde mehr für einen Mann geacht't.
Sprich einmal wahr, sprich mir zuliebe wahr!
Hättst du, wenn er gewacht, ihm wohl ein Haar
Gekrümmt? und hast ihn, weil er schlief, erschlagen?
O Kühnheit! eine Natter konnt es wagen.
Ja, eine Natter tat's; die ärgste sticht
Zweizüngiger als du, o Schlange, nicht.
Demetrius. An einen Wahn verschwendst du deine Wut.
Ich bin nicht schuldig an Lysanders Blut;
Auch mag er wohl, soviel ich weiß, noch leben.
Hermia. Und geht's ihm wohl? Kannst du mir Nachricht geben?
Demetrius. Und könnt ich nun, was würde mir dafür?
Hermia. Mich nie zu sehn, dies Vorrecht schenk ich dir.
Und so verlaß ich deine schnöde Nähe;
Tot sei er oder nicht, wenn ich nur dich nicht sehe.

Ab.

Demetrius. Ihr folgen ist vergebliches Bemühn
In diesem Sturm; so will ich hier verziehn.
Noch höher wird des Grames Not gesteigert,
Seit sich sein Schuldner Schlaf zu zahlen weigert.
Vielleicht empfang ich einen Teil der Schuld,
Erwart ich hier den Abtrag in Geduld.

Er legt sich nieder.

Oberon. Was tatest du? du hast dich ganz betrogen.
Ein treues Auge hat den Liebessaft gesogen;
Dein Fehlgriff hat den treuen Bund gestört
Und nicht den Unbestand zur Treu bekehrt.

PUCK. So siegt das Schicksal denn, daß gegen einen Treuen
Millionen falsch auf Schwüre Schwür' entweihen.
OBERON. Streif durch den Wald behender als der Wind
Und suche Helena, das schöne Kind.
Sie ist ganz liebekrank und blaß von Wangen,
Von Seufzern, die ihr sehr ans Leben drangen.
Geh, locke sie durch Täuschung her zu mir;
Derweil sie kommt, bezaubr' ich diesen hier.
PUCK. Ich eil, ich eil, sieh, wie ich eil;
So fliegt vom Bogen des Tataren Pfeil.

Ab.

OBERON. Blume mit dem Purpurschein
Die Cupidos Pfeile weihn,
Senk dich in sein Aug hinein;
Wenn er sieht sein Liebchen fein,
Daß sie glorreich ihm erschein
Wie Cyther' im Sternenreihn.
Wachst du auf, wenn sie dabei:
Bitte, daß sie hilfreich sei.

PUCK *kommt zurück.*

PUCK. Hauptmann unsrer Elfenschar,
Hier stellt Helena sich dar.
Der von mir gesalbte Mann
Fleht um Liebeslohn sie an.
Wollen wir ihr Wesen sehn?
O die tollen Sterblichen!
OBERON. Tritt beiseit! Erwachen muß
Von dem Lärm Demetrius.
PUCK. Wenn dann zwei um eine frein:
Das wird erst ein Hauptspaß sein.

Gehn die Sachen kraus und bunt,
Freu ich mich von Herzensgrund.

Lysander *und* Helena *treten auf.*

Lysander. Pflegt Spott und Hohn in Tränen sich zu kleiden?
Wie glaubst du denn, ich huldge dir zum Hohn?
Sieh, wenn ich schwöre, wein ich: solchen Eiden
Dient zur Beglaubigung ihr Ursprung schon.
Kannst du des Spottes Reden wohl verklagen,
Die an der Stirn des Ernstes Siegel tragen?
Helena. Stets mehr und mehr wird deine Schalkheit kund.
Wie teuflisch fromm, mit Schwur den Schwur erlegen!
Beschwurst du nicht mit Hermia so den Bund?
Wäg Eid an Eid, so wirst du gar nichts wägen.
Die Eid an sie und mich, wie Märchen leicht,
Leg in zwei Schalen sie, und keine steigt.
Lysander. Verblendung war's, mein Herz ihr zu versprechen.
Helena. Verblendung nenn ich's, jetzt den Schwur zu brechen.
Lysander. Demetrius liebt sie; dich liebt er nicht.
Demetrius *(erwachend).*
O Huldin! schönste Göttin meiner Wahl!
Womit vergleich ich deiner Augen Strahl?
Kristall ist trübe. O wie reifend schwellen
Die Lippen dir, zwei küssende Morellen!
Und jenes dichte Weiß, des Taurus Schnee,
Vom Ostwind rein gelächelt, wird zur Kräh,
Wenn du die Hand erhebst. Laß mich dies Siegel
Der Wonne küssen, aller Reinheit Spiegel!
Helena. O Schmach! o Höll! ich seh, ihr alle seid
Zu eurer Lust zu plagen mich bereit.
Wär Sitt und Edelmut in euch Verwegnen,
Ihr würdet mir so schmählich nicht begegnen.

Könnt ihr mich denn nicht hassen, wie ihr tut,
Wenn ihr mich nicht verhöhnt in frechem Mut?
Wärt ihr in Wahrheit Männer, wie im Schein,
So flößt' ein armes Weib euch Mitleid ein.
Ihr würdet nicht mit Lob und Schwüren scherzen,
Da ich doch weiß, ihr hasset mich von Herzen;
Als Nebenbuhler liebt ihr Hermia,
Wetteifernd nun verhöhnt ihr Helena.
Ein tapfres Stück, ein männlich Unternehmen,
Durch Spott ein armes Mädchen zu beschämen,
Ihr Tränen abzulocken! Quält ein Weib
Ein edler Mann wohl bloß zum Zeitvertreib?

LYSANDER. Demetrius, du bist nicht bieder: sei's!
Du liebst ja Hermia; weißt, daß ich es weiß.
Hier sei von Herzensgrund, in Güt und Frieden,
An Hermias Huld mein Anteil dir beschieden.
Tritt deinen nun an Helena mir ab;
Ich lieb und will sie lieben bis ins Grab.

HELENA. Ihr losen Schwätzer, wie es keine gab!

DEMETRIUS. Nein, Hermia mag ich nicht: behalt sie, Lieber!
Liebt ich sie je, die Lieb ist längst vorüber.
Mein Herz war dort nur wie in fremdem Land;
Nun hat's zu Helena sich heimgewandt,
Um dazubleiben.

LYSANDER. Glaubs nicht, Helena.

DEMETRIUS. Tritt nicht der Treu, die du nicht kennst, zu nah;
Du möchtest sonst vielleicht es teuer büßen.
Da kommt dein Liebchen; geh, sie zu begrüßen.

HERMIA *tritt auf.*

HERMIA. Die Nacht, die uns der Augen Dienst entzieht,
Macht, daß dem Ohr kein leiser Laut entflieht.
Was dem Gesicht an Schärfe wird benommen,

Muß doppelt dem Gehör zugute kommen.
Mein Aug war's nicht, das dich, Lysander, fand;
Mein Ohr, ich dank ihm, hat die Stimm erkannt.
Doch warum mußtest du so von mir eilen?

LYSANDER. Den Liebe fortriß, warum sollt er weilen?

HERMIA. Und welche Liebe war's, die fort von mir dich trieb?

LYSANDER. Lysanders Liebe litt nicht, daß er blieb;
Die schöne Helena, die so die Nacht durchfunkelt,
Daß sie die lichten O's, die Augen dort, verdunkelt.
Was suchst du mich? Tat dies dir noch nicht kund,
Mein Haß zu dir sei meines Fliehens Grund?

HERMIA. Ihr sprecht nicht, wie Ihr denkt. Es kann nicht sein.

HELENA. Ha! sie stimmt auch in die Verschwörung ein.
Nun merk ich's: alle drei verbanden sich
Zu dieser falschen Posse gegen mich.
Feindselge Hermia! undankbares Mädchen!
Verstandest du, verschworst mit diesen dich,
Um mich zu necken mit so schnödem Spott?
Sind alle Heimlichkeiten, die wir teilten,
Der Schwestertreu Gelübde, jene Stunden,
Wo wir den raschen Tritt der Zeit verwünscht,
Wie sie uns schied: o alles nun vergessen?
Die Schulgenossenschaft, die Kinderunschuld?
Wie kunstbegabte Götter schufen wir
Mit unsern Nadeln eine Blume beide,
Nach einem Muster und auf einem Sitz;
Ein Liedchen wirbelnd, beid in einem Ton,
Als wären unsre Hände, Stimmen, Herzen
Einander einverleibt. So wuchsen wir
Zusammen, einer Doppelkirsche gleich,
Zum Schein getrennt, doch in der Trennung eins;
Zwei holde Beeren, einem Stiel entwachsen,
Dem Scheine nach zwei Körper, doch ein Herz.

Zwei Schildern eines Wappens glichen wir,
Die friedlich stehn, gekrönt von einem Helm.
Und nun zerreißt Ihr so die alte Liebe?
Gesellt im Hohne Eurer armen Freundin
Zu Männern Euch? Das ist nicht freundschaftlich,
Das ist nicht jungfräulich; und mein Geschlecht
Sowohl wie ich darf Euch darüber schelten,
Obschon die Kränkung mich allein betrifft.

HERMIA. Ich hör erstaunt die ungestümen Reden;
Ich höhn Euch nicht; es scheint, Ihr höhnet mich.

HELENA. Habt Ihr Lysandern nicht bestellt, zum Hohn
Mir nachzugehn, zu preisen mein Gesicht?
Und Euren andern Buhlen, den Demetrius,
Der eben jetzt noch mich mit Füßen stieß,
Mich Göttin, Nymphe, wunderschön zu nennen,
Und köstlich, himmlisch? Warum sagt er das
Der, die er haßt? Und warum schwört Lysander
Die Liebe ab, die ganz die Seel ihm füllt,
Und bietet mir (man denke nur!) sein Herz,
Als weil Ihr ihn gereizt, weil Ihr's gewollt?
Bin ich schon nicht so in der Gunst wie Ihr,
Mit Liebe so umkettet, so beglückt,
Ja, elend gnug, um ungeliebt zu lieben:
Ihr solltet mich bedauern, nicht verachten.

HERMIA. Ich kann mir nicht erklären, was Ihr meint.

HELENA. Schon recht! Beharrt nur! Heuchelt ernste Blicke
Und zieht Gesichter hinterm Rücken mir!
Blinzt euch nur zu! Verfolgt den feinen Scherz!
Wohl ausgeführt, wird er euch nachgerühmt.
Wär Mitleid, Huld und Sitte noch in euch,
Ihr machtet so mich nicht zu eurem Ziel.
Doch lebet wohl! Zum Teil ist's meine Schuld:
Bald wird Entfernung oder Tod sie büßen.

LYSANDER. Bleib, holde Helena, und hör mich an!

Mein Herz! mein Leben! meine Helena!
HELENA. O herrlich!
HERMIA. Lieber, höhne sie nicht so!
DEMETRIUS. Und gilt ihr Bitten nichts, so kann ich zwingen.
LYSANDER. Nichts mehr erzwingen, als was sie erbittet;
Dein Drohn ist kraftlos wie ihr schwaches Flehn.
Dich lieb ich, Helena! Bei meinem Leben,
Ich liebe dich und will dies Leben wagen,
Der Lüge den zu zeihn, der widerspricht.
DEMETRIUS. Ich sag, ich liebe dich weit mehr als er.
LYSANDER. Ha! sagst du das, so komm, beweis es auch.
DEMETRIUS. Auf, komm!
HERMIA. Lysander, wohin zielt dies alles?
LYSANDER. Fort, Mohrenmädchen!
DEMETRIUS. Nein, o nein! er tut,
Als bräch er los; er tobt, als wollt er folgen,
Kommt aber nicht. O geht mir, zahmer Mensch!
LYSANDER. Fort, Katze, Klette! Mißgeschöpf, laß los!
Sonst schleudr ich dich wie eine Natter weg.
HERMIA. Wie wurdet Ihr so wild? wie so verwandelt,
Mein süßes Herz?
LYSANDER. Dein Herz? Fort, fort, hinweg!
Zigeunerin! fort, widerwärtger Trank!
HERMIA. Ihr scherzet nicht?
HELENA. Ja wahrlich, und Ihr auch!
LYSANDER. Demetrius, ich halte dir mein Wort.
DEMETRIUS. Ich hätt es schriftlich gern von deiner Hand;
Dich hält 'ne schwache Hand, ich trau dir nicht.
LYSANDER. Wie? sollt ich sie verwunden, schlagen, töten?
Hass' ich sie schon, ich will kein Leid ihr tun.
HERMIA. Wie? könnt Ihr mehr mir Leid tun, als mich hassen?
Warum mich hassen? Was geschah, Geliebter?
Bin ich nicht Hermia? Seid Ihr nicht Lysander?
Ich bin so schön noch, wie ich eben war.

Ihr liebtet über Nacht mich; doch verließt Ihr
Mich über Nacht. Und muß ich also sagen
(Verhüten es die Götter!), Ihr verließt
Im Ernste mich?

LYSANDER. Im Ernst, so wahr ich lebe!
Und nie begehrt ich wieder dich zu sehn.
Drum gib nur Hoffnung, Frage, Zweifel auf!
Sei sicher, nichts ist wahrer, 's ist kein Scherz:
Ich hasse dich und liebe Helena.

HERMIA. Weh mir! - Du Gauklerin! du Blütenwurm!
Du Liebesdiebin! Was? du kamst bei Nacht,
Stahlst meines Liebsten Herz!

HELENA. Schön, meiner Treu!
Hast du denn keine Scheu, noch Mädchensitte,
Nicht eine Spur von Scham? Und zwingst du so
Zu harten Reden meine sanften Lippen?
Du Marionette, pfui! du Puppe, du!

HERMIA. Wie? Puppe? Ha, nun wird ihr Spiel mir klar:
Sie hat ihn unsern Wuchs vergleichen lassen -
Ich merke schon - auf ihre Höh getrotzt.
Mit ihrer Figur, mit ihrer langen Figur
Hat sie sich seiner, seht mir doch! bemeistert.
Und stehst du nun so groß bei ihm in Gunst,
Weil ich so klein, weil ich so zwerghaft bin?
Wie klein bin ich, du bunte Bohnenstange?
Wie klein bin ich? Nicht gar so klein, daß nicht
Dir meine Nägel an die Augen reichten.

HELENA. Ihr Herrn, ich bitt euch, wenn ihr schon mich höhnt,
Beschirmt mich doch vor ihr. Nie war ich böse,
Bin keineswegs geschickt zur Zänkerin;
Ich bin so feig wie irgend nur ein Mädchen.
Verwehrt ihr, mich zu schlagen; denket nicht,
Weil sie ein wenig kleiner ist als ich,

Ich nähm es mit ihr auf.

HERMIA. Schon wieder kleiner?

HELENA. Seid, gute Hermia, nicht so bös auf mich,
Ich liebt Euch immer, hab Euch nie gekränkt,
Und stets bewahrt, was Ihr mir anvertraut;
Nur daß ich, dem Demetrius zuliebe,
Ihm Eure Flucht in diesen Wald verriet.
Er folgte Euch, aus Liebe folgt ich ihm;
Er aber schalt mich weg und drohte, mich
Zu schlagen, stoßen, ja zu töten gar;
Und nun, wo Ihr mich ruhig gehen laßt,
So trag ich meine Torheit heim zur Stadt
Und folg Euch ferner nicht. O laßt mich gehn!
Ihr seht, wie kindisch und wie blöd ich bin.

HERMIA. Gut, zieht nur hin! Wer hindert Euch daran?

HELENA. Ein töricht Herz, das ich zurück hier lasse.

HERMIA. Wie? Bei Lysander?

HELENA. Bei Demetrius.

LYSANDER. Sei ruhig, Helena! sie soll kein Leid dir tun.

DEMETRIUS. Sie soll nicht, Herr, wenn Ihr sie schon beschützt.

HELENA. Oh, sie hat arge Tück in ihrem Zorn.
Sie war 'ne böse Sieben in der Schule
Und ist entsetzlich wild, obschon so klein.

HERMIA. Schon wieder klein, und anders nicht wie klein?
Wie duldet Ihr's, daß sie mich so verspottet?
Weg! laß mich zu ihr!

LYSANDER. Packe dich, du Zwergin!
Du Knirps aus Knötrich, der das Wachstum hemmt!
Du Ecker du, du Paternosterkralle!

DEMETRIUS. Ihr seid zu dienstgeschäftig, guter Freund,
Zugunsten der, die Euren Dienst verschmäht.
Laß mir sie gehn! Sprich nicht von Helena!
Nimm nicht Partei für sie! Vermissest du

Dich im geringsten, Lieb ihr zu bezeugen,
So sollst du's büßen.

LYSANDER. Jetzo bin ich frei;
Nun komm, wofern du's wagst; laß sehn, wes Recht
An Helena, ob deins, ob meines gilt.

DEMETRIUS. Dir folgen? Nein, ich halte Schritt mit dir.

LYSANDER *und* DEMETRIUS *ab.*

HERMIA. Nun, Fräulein! Ihr seid schuld an all dem Lärm.
Ei, bleibt doch stehn!

HELENA. Nein, nein! ich will nicht traun,
Noch länger Eur verhaßtes Antlitz schaun.
Sind Eure Hände hurtiger zum Raufen,
So hab ich längre Beine doch zum Laufen.

Ab.

HERMIA. Ich staun und weiß nicht, was ich sagen soll.

Sie läuft der HELENA *nach.*

OBERON. Das ist dein Unbedacht! Stets irrst du dich,
Wenn's nicht geflißne Schelmenstreiche sind.

PUCK. Ich irrte diesmal, glaubt mir, Fürst der Schatten,
Gabt Ihr denn nicht von dem bestimmten Mann
Mir die Athenertracht als Merkmal an?
Und so weit bin ich ohne Schuld, daß jener,
Den ich gesalbt, doch wirklich ein Athener;
Und so weit bin ich froh, daß so sich's fügt,
Weil diese Balgerei mich sehr vergnügt.

OBERON. Du siehst zum Kampf bereit die hitzgen Freier:
Drum eile, Puck: wirf einen nächtgen Schleier,
Bedecke die gestirnte Feste schnell

Mit Nebeln, düster wie Kozytus' Quell;
Und locke sie auf falsche Weg und Stege,
Damit sie nicht sich kommen ins Gehege.
Bald borg die Stimme vom Demetrius
Und reize keck Lysandern zum Verdruß;
Bald schimpf und höhne wieder wie Lysander
Und bringe so sie weiter auseinander,
Bis ihre Stirnen Schlaf, der sich dem Tod vergleicht,
Mit dichter Schwing und bleirnem Tritt beschleicht.
Zerdrück dies Kraut dann auf Lysanders Augen,
Die Zauberkräfte seines Saftes taugen,
Von allem Wahn sie wieder zu befrein
Und den gewohnten Blick ihm zu verleihn.
Wenn sie erwachen, ist, was sie betrogen,
Wie Träum und eitle Nachtgebild entflogen;
Dann kehren wieder nach Athen zurück
Die Liebenden, vereint zu stetem Glück.
Derweil dies alles deine Sorgen sind,
Bitt ich Titanien um ihr indisch Kind;
Ich bann ihr vom betörten Augenlide
Des Unholds Bild, und alles werde Friede.

PUCK. Mein Elfenfürst, wir müssen eilig machen.
Die Nacht teilt das Gewölk mit schnellen Drachen.
Auch schimmert schon Auroras Herold dort,
Und seine Näh scheucht irre Geister fort
Zum Totenacker; banger Seelen Heere,
Am Scheideweg begraben und im Meere:
Man sieht ins wurmbenagte Bett sie gehn.
Aus Angst, der Tag möcht ihre Schande sehn,
Verbannt vom Lichte sie ihr eigner Wille,
Und ihnen dient die Nacht zur ewgen Hülle.

OBERON. Doch wir sind Geister andrer Region.
Oft jagt ich mit Aurorens Liebling schon,
Darf, wie ein Weidmann, noch den Wald betreten,

Wenn flammend sich des Ostens Pforten röten
Und, aufgetan, der Meeresfluten Grün
Mit schönem Strahle golden überglühn.
Doch zaudre nicht! Sei schnell vor allen Dingen!
Wir können dies vor Tage noch vollbringen.

Oberon *ab.*

Puck. Hin und her, hin und her,
Alle führ ich hin und her.
Land und Städte scheun mich sehr.
Kobold, führ sie hin und her!
Hier kommt der eine.

Lysander *tritt auf.*

Lysander. Demetrius! Wo bist du, Stolzer, du?
Puck. Hier, Schurk, mit bloßem Degen; mach nur zu!
Lysander. Ich komme schon.
Puck. So laß uns miteinander
Auf ebnem Boden gehn.

Lysander *ab, als ging' er der Stimme nach.*
Demetrius *tritt auf.*

Demetrius. Antworte doch, Lysander!
Ausreißer! Memme! liefst du so mir fort?
In welchem Busche steckst du? sprich ein Wort!
Puck. Du Memme, forderst hier heraus die Sterne,
Erzählst dem Busch, du fochtest gar zu gerne,
Und kommst doch nicht? Komm, Bübchen, komm doch her,
Ich geb die Rute dir. Beschimpft ist der,
Der gegen dich nur zieht.

DEMETRIUS. He, bist du dort?
PUCK. Folg meinem Ruf, zum Kampf ist dies kein Ort.

PUCK *und* DEMETRIUS *ab.*
LYSANDER *kommt zurück.*

LYSANDER. Stets zieht er vor mir her mit lautem Drohen;
Komm ich, wohin er ruft, ist er entflohen.
Behender ist der Schurk im Lauf als ich:
Ich folgt ihm schnell, doch schneller mied er mich,
So daß ich fiel auf dunkler, rauher Bahn,
Und hier nun ruhn will. - *(Legt sich nieder.)*
Holder Tag, brich an!
Sobald mir nur dein graues Licht erscheint,
Räch ich den Hohn und strafe meinen Feind.
(Entschläft.)

PUCK *und* DEMETRIUS *kommen zurück.*

PUCK. Ho, ho! du Memme, warum kommst du nicht?
DEMETRIUS. Steh, wenn du darfst, und sieh mir ins Gesicht.
Ich merke wohl, von einem Platz zum andern
Entgehst du mir und läßt umher mich wandern.
Wo bist du nun?
PUCK. Hieher komm! ich bin hier.
DEMETRIUS.
Du neckst mich nur, doch zahlst du's teuer mir,
Wenn je der Tag dich mir vors Auge bringt.
Jetzt zieh nur hin, weil Müdigkeit mich zwingt,
Mich hinzustrecken auf dies kalte Kissen;
Frühmorgens werd ich dich zu finden wissen.
(Legt sich nieder und entschläft.)

HELENA *tritt auf*

HELENA. O träge, lange Nacht, verkürze dich!
Und Tageslicht, laß mich nicht länger schmachten
Zur Heimat führe weg von diesen mich,
Die meine arme Gegenwart verachten.
Du, Schlaf, der oft dem Grame Lindrung leiht,
Entziehe mich mir selbst auf kurze Zeit.
(Schläft ein.)
PUCK. Dreie nur! - Fehlt eins noch hier:
Zwei von jeder Art macht vier.
Seht, sie kommt ja, wie sie soll,
Auf der Stirn Verdruß und Groll.
Amor steckt von Schalkheit voll,
Macht die armen Weiblein toll.

HERMIA *tritt auf.*

HERMIA. Wie matt! wie krank! Zerzaust von Dornensträuchen,
Vom Tau beschmutzt und tausendfach in Not:
Ich kann nicht weitergehn, nicht weiterschleichen;
Mein Fuß vernimmt nicht der Begier Gebot.
Hier will ich ruhn; und soll's ein Treffen geben,
O Himmel, schütze mir Lysanders Leben! (Schläft ein.)
PUCK. Auf dem Grund
Schlaf gesund!
Gießen will
Ich dir still
Auf die Augen Arzenei.
(Träufelt den Saft auf LYSANDERS *Augen.)*
Wirst du wach,
O so lach
Freundlich der,
Die vorher
Du geliebt, und bleib ihr treu.

Dann geht es, wie das Sprüchlein rühmt:
Gebt jedem das, was ihm geziemt.
Hans nimmt sein Gretchen,
Jeder sein Mädchen;
Find't seinen Deckel jeder Topf,
Und allen gehts nach ihrem Kopf.

Ab.

Vierter Aufzug

Erste Szene

Der Wald
TITANIA *und* ZETTEL *mit einem* GEFOLGE VON ELFEN
OBERON *im Hintergrunde, ungesehen*

TITANIA. Komm, laß uns hier auf Blumenbetten kosen!
Beut, Holder, mir die zarte Wange dar:
Den glatten Kopf besteck ich dir mit Rosen
Und küsse dir dein schönes Ohrenpaar.

ZETTEL. Wo ist Bohnenblüte?

BOHNENBLÜTE. Hier.

ZETTEL. Kratz mir den Kopf, Bohnenblüte. - Wo ist Musje Spinnweb?

SPINNWEB. Hier.

ZETTEL. Musje Spinnweb, lieber Musje, kriegen Sie Ihre Waffen zurhand und schlagen Sie mir eine rotbeinige Biene auf einem Distelkopfe tot, und, lieber Musje, bringen Sie mir den Honigbeutel. Tummeln Sie sich nicht allzusehr bei dieser Verrichtung, Musje; und, lieber Musje, haben Sie acht, daß der Honigbeutel nicht entzwei geht; es würde mir leid tun, Signor, wenn Sie sich mit einem Honigbeutel beschütteten. Wo ist Musje Senfsamen?

SENFSAMEN. Hier.

ZETTEL. Geben Sie die Pfote, Musje Senfsamen; ich bitte Sie, lassen Sie die Reverenzen, lieber Musje.

SENFSAMEN. Was befehlen Sie?

ZETTEL. Nichts, lieber Musje, als daß Sie dem Kavalier Bohnenblüte kratzen helfen. Ich muß zum Balbier, Musje;

denn mir ist, als wär ich gewaltig haarig ums Gesicht herum, und ich bin ein so zärtlicher Esel: wenn mein Haar mich nur ein bißchen kitzelt, gleich muß ich kratzen.

TITANIA. Willst du Musik vernehmen, süßer Freund?

ZETTEL. Ich hab ein räsonabel gutes Ohr für Musik; spielt mir ein Stück auf der Maultrommel.

TITANIA. Sag, süßer Freund, was hast du Lust zu essen?

ZETTEL. Ja, meiner Seel! Eine Krippe voll Futter. Ich könnte auch guten, trocknen Hafer käuen. Mir ist, als hätte ich großen Appetit nach einem Bunde Heu; gutes Heu, süßes Heu hat seinesgleichen auf der Welt nicht.

TITANIA. Ich hab 'nen dreisten Elfen, der nach Nüssen
Im Magazin des Eichhorns suchen soll.

ZETTEL. Ich hätte lieber ein oder zwei Hand voll trockner Erbsen. Aber ich bitt Euch, laßt keinen von Euren Leuten mich stören. Es kommt mir eine Exposition zum Schlaf an.

TITANIA. Schlaf du! Dich soll indes mein Arm umwinden.
Ihr Elfen, weg! Nach allen Seiten fort! -
So lind umflicht mit süßen Blütenranken
Das Geißblatt; so umzingelt, weiblich zart,
Das Efeu seines Ulmbaums rauhe Finger:
Wie ich dich liebe! wie ich dich vergöttre!

Sie schlafen ein.
OBERON *tritt vor.* PUCK *kommt.*

OBERON. Willkommen, Puck! Siehst du dies süße Schauspiel?
Jetzt fängt mich doch ihr Wahnsinn an zu dauern.
Denn da ich eben im Gebüsch sie traf,
Wie sie für diesen Tropf nach Düften suchte,
Da schalt ich sie und ließ sie zornig an.
Sie hatt ihm die behaarten Schläf' umwunden
Mit einem frischen, würzgen Blumenkranz.

Derselbe Tau, der sonst wie runde Perlen
Des Morgenlandes an den Knospen schwoll,
Stand in der zarten Blümchen Augen jetzt,
Wie Tränen, trauernd über eigne Schmach.
Als ich sie nach Gefallen ausgeschmält
Und sie voll Demut und Geduld mich bat,
Da fordert ich von ihr das Wechselkind;
Sie gab's mir gleich und sandte ihren Elfen
Zu meiner Laub' im Feenland mit ihm.
Nun, da der Knabe mein ist, sei ihr Auge
Von dieser häßlichen Verblendung frei.
Du, lieber Puck, nimm diese fremde Larve
Vom Kopfe des Gesellen aus Athen;
Auf daß er mit den andern hier, erwachend,
Sich wieder heimbegebe nach Athen,
Und alle der Geschichten dieser Nacht
Nur wie der Launen eines Traums gedenken.
Doch lös ich erst die Elfenkönigin:
(Er berührt ihre Augen mit einem Kraut.)
Sei, als wäre nichts geschehn!
Sieh, wie du zuvor gesehn!
So besiegt zu hohem Ruhme
Cynthias Knospe Amors Blume.
Nun, holde Königin! wach auf, Titania!

TITANIA. Mein Oberon, was für Gesicht' ich sah!
Mir schien, ein Esel hielt mein Herz gefangen.

OBERON. Da liegt dein Freund.

TITANIA. Wie ist dies zugegangen?
O wie mir nun vor dieser Larve graut!

OBERON. Ein Weilchen still! - Puck, nimm den Kopf da weg.
Titania, du laß Musik beginnen
Und binde stärker aller fünfe Sinnen
Als durch gemeinen Schlaf.

TITANIA. Musik her! Schlafbeschwörende Musik!

PUCK. Wenn du erwachst, so sollst du umgeschaffen
Aus deinen eignen dummen Augen gaffen.
OBERON. Ertön Musik!

Sanfte Musik.

Nun komm, Gemahlin! Hand in Hand gefügt,
Und dieser Schläfer Ruheplatz gewiegt!
Die Freundschaft zwischen uns ist nun erneut:
Wir tanzen morgen Mitternacht erfreut
In Theseus' Hause bei der Festlichkeit
Und segnen es mit aller Herrlichkeit.
Auch werden da vermählt zu gleicher Zeit
Die Paare hier in Wonn und Fröhlichkeit.
PUCK. Elfenkönig, horch! da klang
Schon der Lerche Morgensang.
OBERON. Hüpfen wir denn, Königin,
Schweigend nach den Schatten hin!
Schneller als die Monde kreisen
Können wir die Erd umreisen.
TITANIA. Komm, Gemahl, und sage du
Mir im Fliehn: wie ging es zu,
Daß man diese Nacht im Schlaf
Bei den Sterblichen mich traf?

Alle ab. Waldhörner hinter der Szene.
THESEUS, HIPPOLYTA, EGEUS *und* GEFOLGE *treten auf.*

THESEUS. Geh einer hin und finde mir den Förster,
Denn unsre Maienandacht ist vollbracht;
Und da sich schon des Tages Vortrab zeigt,
So soll Hippolyta die Jagdmusik
Der Hunde hören. - Koppelt sie im Tal
Gen Westen los; eilt, sucht den Förster auf.

Komm, schöne Fürstin, auf des Berges Höh;
Dort laßt uns in melodischer Verwirrung
Das Bellen hören samt dem Widerhall.

HIPPOLYTA. Ich bin beim Herkules und Kadmus einst,
Die mit spartanschen Hunden einen Bär
In Kretas Wäldern hetzten; nie vernahm ich
So tapfres Toben. Nicht die Haine nur,
Das Firmament, die Quellen, die Reviere,
Sie schienen all' ein Ruf und Gegenruf.
Nie hört ich so harmonschen Zwist der Töne,
So hellen Donner.

THESEUS. Auch meine Hunde sind aus Spartas Zucht,
Weitmäulig, scheckig und ihr Kopf behangen
Mit Ohren, die den Tau vom Grase streifen;
Krummbeinig, wammig wie Thessaliens Stiere;
Nicht schnell zur Jagd, doch ihrer Kehlen Ton
Folgt aufeinander wie ein Glockenspiel.
Harmonischer scholl niemals ein Gebell
Zum Hussa und zum frohen Hörnerschall
In Kreta, Sparta, noch Thessalien.
Entscheidet selbst. - Doch still! wer sind hier diese?

EGEUS. Hier schlummert meine Tochter, gnädger Herr;
Dies ist Lysander, dies Demetrius,
Dies Helena, des alten Nedars Kind.
Ich bin erstaunt, beisammen sie zu treffen.

THESEUS. Sie machten ohne Zweifel früh sich auf,
Den Mai zu feiern, hörten unsre Absicht
Und kamen her zu unsrer Festlichkeit.
Doch sag mir, Egeus, ist dies nicht der Tag,
Wo Hermia ihre Wahl erklären sollte?

EGEUS. Er ist's, mein Fürst.

THESEUS. Geh, heiß die Jäger, sie
Mit ihren Hörnern wecken.

Waldhörner und Jagdgeschrei hinter der Szene,
DEMETRIUS, LYSANDER, HERMIA *und*
HELENA *erwachen und fahren auf.*

THESEUS. Ei, guten Tag! Sankt Velten ist vorbei,
Und paaren jetzt sich diese Vögel erst?
LYSANDER. Verzeihung, Herr!

Er und die übrigen knien.

THESEUS. Steht auf, ich bitt euch alle.
Ich weiß, ihr seid zwei Feind und Nebenbuhler:
Wo kommt nun diese milde Eintracht her,
Daß, fern vom Argwohn, Haß beim Hasse schläft
Und keiner Furcht vor Feindlichkeiten hegt?
LYSANDER. Mein Fürst, ich werd verworren Antwort geben,
Halb wachend, halb im Schlaf; noch, schwör ich Euch,
Weiß ich nicht recht, wie ich hieher mich fand.
Doch denk ich (denn ich möchte wahrhaft reden -
Und jetzt besinn ich mich, so ist es auch),
Ich kam mit Hermia her; wir hatten vor,
Weg von Athen an einen Ort zu fliehn,
Wo des Gesetzes Bann uns nicht erreichte. -
EGEUS. Genug, genug! Mein Fürst, Ihr habt genug;
Ich will den Bann, den Bann auf seinen Kopf.
Fliehn wollten sie, ja fliehn, Demetrius!
Und wollten so berauben dich und mich,
Dich deines Weibs und meines Wortes mich;
Des Wortes, das zum Weibe dir sie gab!
DEMETRIUS. Mein Fürst, die schöne Helena verriet
Mir ihren Plan, in diesen Wald zu flüchten;
Und ich verfolgte sie hieher aus Wut,
Die schöne Helena aus Liebe mich.
Doch weiß ich nicht, mein Fürst, durch welche Macht

(Doch eine höhre Macht ist's) meine Liebe
Zu Hermia, wie Schnee zerronnen, jetzt
Mir eines eitlen Tands Erinnrung scheint,
Worein ich in der Kindheit mich vergafft.
Der Gegenstand, die Wonne meiner Augen
Und alle Treu und Tugend meiner Brust
Ist Helena allein. Mit ihr, mein Fürst,
War ich verlobt, bevor ich Hermia sah.
Doch wie ein Kranker haßt ich diese Nahrung.
Nun, zum natürlichen Geschmack genesen,
Begehr ich, lieb ich sie, schmacht ich nach ihr
Und will ihr treu sein nun und immerdar.
THESEUS. Ihr Liebenden, ein Glück, daß ich euch traf!
Wir setzen dies Gespräch bald weiter fort. -
Ihr, Egeus, müßt Euch meinem Willen fügen:
Denn schließen sollen diese Paar im Tempel
Zugleich mit uns den ewigen Verein.
Und weil der Morgen schon zum Teil verstrich,
So bleib auch unsre Jagd nun ausgesetzt. -
Kommt mit zur Stadt! Wir wollen drei selb drei
Ein Fest begehn, das ohnegleichen sei. -
Komm denn, Hippolyta.

THESEUS, HIPPOLYTA, EGEUS *und* GEFOLGE *ab.*

DEMETRIUS. Dies alles scheint so klein und unerkennbar
Wie ferne Berge, schwindend im Gewölk.
HERMIA. Mir ist, ich säh dies mit geteiltem Auge,
Dem alles doppelt scheint.
HELENA. So ist's auch mir.
Ich fand Demetrius, so wie ein Kleinod,
Mein und auch nicht mein eigen.
DEMETRIUS. Seid Ihr denn
Des Wachens auch gewiß? Mir scheint's, wir schlafen,

Wir träumen noch. Denkt Ihr nicht, daß der Herzog
Hier war und ihm zu folgen uns gebot?

HERMIA. Ja, auch mein Vater.

HELENA. Und Hippolyta.

LYSANDER. Und er beschied uns zu sich in den Tempel.

DEMETRIUS. Wohl denn, wir wachen also. Auf, ihm nach!
Und plaudern wir im Gehn von unsern Träumen.

Ab. Wie sie abgehn, wacht ZETTEL *auf.*

ZETTEL. Wenn mein Stichwort kommt, ruft mich, und ich will antworten. Mein nächstes ist: «O schönster Pyramus!» - He! holla! - Peter Squenz! Flaut, der Bälgenflicker! Schnauz, der Kesselflicker! Schlucker! - Sapperment! Alle davongelaufen und lassen mich hier schlafen! - Ich habe ein äußerst rares Gesicht gehabt. Ich hatte 'nen Traum - 's geht über Menschenwitz, zu sagen, was es für ein Traum war. Der Mensch ist nur ein Esel, wenn er sich einfallen läßt, diesen Traum auszulegen. Mir war, als wär ich - kein Menschenkind kann sagen, was. Mir war, als wär ich, und mir war, als hätt ich - aber der Mensch ist nur ein lumpiger Hanswurst, wenn er sich unterfängt zu sagen, was mir war, als hätt ichs; des Menschen Auge hat's nicht gehört, des Menschen Ohr hats nicht gesehen, des Menschen Hand kann's nicht schmecken, seine Zunge kanns nicht begreifen und sein Herz nicht wieder sagen, was mein Traum war. - Ich will den Peter Squenz dazukriegen, mir von diesem Traum eine Ballade zu schreiben; sie soll Zettels Traum heißen, weil sie so seltsam angezettelt ist, und ich will sie gegen das Ende des Stücks vor dem Herzoge singen. Vielleicht, um sie noch anmutiger zu machen, werde ich sie nach dem Tode singen.

Ab.

Zweite Szene

Athen
Eine Stube in SQUENZENS *Hause*

SQUENZ, FLAUT, SCHNAUZ *und* SCHLUCKER *kommen*

SQUENZ. Habt ihr nach Zettels Hause geschickt? Ist er noch nicht nach Haus gekommen?

SCHLUCKER. Man hört nichts von ihm. Ohne Zweifel ist er transportiert.

FLAUT. Wenn er nicht kommt, so ist das Stück zum Henker. Es geht nicht vor sich, nicht wahr?

SQUENZ. Es ist nicht möglich. Ihr habt keinen Mann in ganz Athen außer ihm, der kapabel ist, den Pyramus herauszubringen.

FLAUT. Nein; er hat schlechterdings den besten Witz von allen Handwerksleuten in Athen.

SQUENZ. Ja, der Tausend! und die beste Person dazu. Und was eine süße Stimme betrifft, da ist er ein rechtes Phänomen.

FLAUT. Ein Phönix müßt Ihr sagen. Ein Phänomen (Gott behüte uns) ist ein garstiges Ding.

SCHNOCK *kommt.*

SCHNOCK. Meister, der Herzog kommt eben vom Tempel, und noch drei oder vier andere Herren und Damen mehr sind verheiratet. Wenn unser Spiel vor sich gegangen wäre, so wären wir alle gemachte Leute gewesen.

FLAUT. O lieber Sappermentsjunge, Zettel! So hat er nun sechs Batzen des Tags für Lebenszeit verloren. Er konnte sechs Batzen des Tags nicht entgehn - und wenn ihm der Herzog nicht sechs Batzen des Tags für den Pyramus gegeben hätte, will ich mich hängen lassen! Er hätt es verdient. - Sechs Batzen des Tags für den Pyramus, oder gar nichts!

ZETTEL *kommt.*

ZETTEL. Wo sind die Buben? Wo sind die Herzensjungen?

SQUENZ. Zettel! - O allertrefflichster Tag! gebenedeite Stunde!

ZETTEL. Meister, ich muß Wunderdinge reden, aber fragt mich nicht was; denn wenn ich's euch sage, bin ich kein ehrlicher Athener. Ich will euch alles sagen, just wie es sich zutrug.

SQUENZ. Laß uns hören, lieber Zettel.

ZETTEL. Nicht eine Silbe. Nur soviel will ich euch sagen: der Herzog haben zu Mittage gespeist. Kriegt eure Gerätschaften herbei! Gute Schnüre an eure Bärte! Neue Bänder an eure Schuh! Kommt gleich beim Palaste zusammen; laßt jeden seine Rolle überlesen; denn das Kurze und das Lange von der Sache ist: unser Spiel geht vor sich. Auf allen Fall laßt Thisbe reine Wäsche anziehn, und laßt dem, der den Löwen macht, seine Nägel nicht verschneiden; denn sie sollen heraushängen als des Löwen Klauen. Und, allerliebste Akteure! eßt keine Zwiebeln, keinen Knoblauch; denn wir sollen süßen Odem von uns geben, und ich zweifle nicht, sie werden sagen: Es ist eine sehr süße Komödie. Keine Worte weiter! Fort! marsch! fort!

Alle ab.

Fünfter Aufzug

Erste Szene

Ein Zimmer im Palast des Theseus

Theseus, Hippolyta, Philostrat, Herren vom Hofe und Gefolge treten auf

Hippolyta. Was diese Liebenden erzählen, mein Gemahl,
Ist wundervoll.
Theseus. Mehr wundervoll wie wahr.
Ich glaubte nie an diese Feenpossen
Und Fabelein. Verliebte und Verrückte
Sind beide von so brausendem Gehirn,
So bildungsreicher Phantasie, die wahrnimmt,
Was nie die kühlere Vernunft begreift.
Wahnwitzige, Poeten und Verliebte
Bestehn aus Einbildung. Der eine sieht
Mehr Teufel, als die weite Hölle faßt:
Der Tolle nämlich; der Verliebte sieht,
Nicht minder irr, die Schönheit Helenas
Auf einer äthiopisch braunen Stirn.
Des Dichters Aug, in schönem Wahnsinn rollend,
Blitzt auf zum Himmel, blitzt zur Erd hinab,
Und wie die schwangre Phantasie Gebilde
Von unbekannten Dingen ausgebiert,
Gestaltet sie des Dichters Kiel, benennt
Das luftge Nichts und gibt ihm festen Wohnsitz.
So gaukelt die gewaltge Einbildung;

Empfindet sie nur irgend eine Freude,
Sie ahnet einen Bringer dieser Freude;
Und in der Nacht, wenn uns ein Graun befällt,
Wie leicht, daß man den Busch für einen Bären hält!

HIPPOLYTA. Doch diese ganze Nachtbegebenheit
Und ihrer aller Sinn, zugleich verwandelt,
Bezeugen mehr als Spiel der Einbildung:
Es wird daraus ein Ganzes voll Bestand,
Doch seltsam immer noch und wundervoll.

LYSANDER, DEMETRIUS, HERMIA *und* HELENA *treten auf.*

THESEUS. Hier kommen die Verliebten, froh entzückt.
Glück, Freunde, Glück! Und heitre Liebestage
Nach Herzenswunsch!

LYSANDER. Beglückter noch, mein Fürst,
Sei Euer Aus- und Eingang, Tisch und Bett!

THESEUS. Nun kommt! Was haben wir für Spiel' und Tänze?
Wie bringen wir nach Tisch bis Schlafengehn
Den langen Zeitraum von drei Stunden hin?
Wo ist der Meister unsrer Lustbarkeiten?
Was gibt's für Kurzweil? Ist kein Schauspiel da,
Um einer langen Stunde Qual zu lindern? -
Ruft mir den Philostrat.

PHILOSTRAT. Hier, großer Theseus!

THESEUS. Was gibt's für Zeitvertreib auf diesen Abend?
Was für Musik und Tanz? Wie täuschen wir
Die träge Zeit als durch Belustigung?

PHILOSTRAT. Der Zettel hier besagt die fertgen Spiele:
Wähl Eure Hoheit, was sie sehen will.
(Überreicht ein Papier.)

THESEUS *(liest).*
«Das Treffen der Kentauren - wird zur Harfe
Von einem Hämling aus Athen gesungen.»

Nein, nichts hievon! Das hab ich meiner Braut
Zum Ruhm des Vetter Herkules erzählt. -
«Der wohlbezechten Bacchanalen Wut,
Wie sie den Sänger Thraziens zerreißen.»
Das ist ein altes Stück; es ward gespielt,
Als ich von Theben siegreich wiederkam. -
«Der Musen Neunzahl, traurend um den Tod
Der jüngst im Bettelstand verstorbenen Gelahrtheit.»
Das ist ’ne strenge, beißende Satire,
Die nicht zu einer Hochzeitsfeier paßt. -
«Ein kurz langweilger Akt vom jungen Pyramus
Und Thisbe, seinem Lieb. Spaßhafte Tragödie.»
Kurz und langweilig? Spaßhaft und doch tragisch?
Das ist ja glühend Eis und schwarzer Schnee.
Wer findet mir die Eintracht dieser Zwietracht?
PHILOSTRAT. Es ist ein Stück, ein Dutzend Worte lang,
Und also kurz, wie ich nur eines weiß;
Langweilig wird es, weils ein Dutzend Worte
Zu lang ist, gnädger Fürst; kein Wort ist recht
Im ganzen Stück, kein Spieler weiß Bescheid.
Und tragisch ist es auch, mein Gnädigster,
Denn Pyramus bringt selbst darin sich um.
Als ichs probieren sah, ich muß gestehn,
Es zwang mir Tränen ab; doch lustger weinte
Des lauten Lachens Ungestüm sie nie.
THESEUS. Wer sind die Spieler?
PHILOSTRAT. Männer, hart von Faust,
Die in Athen hier ein Gewerbe treiben,
Die nie den Geist zur Arbeit noch geübt
Und nun ihr widerspenstiges Gedächtnis
Mit diesem Stück auf Euer Fest geplagt.
THESEUS. Wir wollen’s hören.
PHILOSTRAT. Nein, mein gnädger Fürst,
Es ist kein Stück für Euch. Ich hört es an,

Und es ist nichts daran, nichts auf der Welt,
Wenn Ihr nicht Spaß an ihren Künsten findet,
Die sie mit schwerer Müh sich eingeprägt,
Euch damit aufzuwarten.

THESEUS. Ich will's hören,
Denn nie kann etwas unwillkommen sein,
Was Einfalt darbringt und Ergebenheit.
Geht, führt sie her! Ihr Frauen, nehmet Platz!

PHILOSTRAT *ab.*

HIPPOLYTA. Ich mag nicht gern Armseligkeit bedrückt,
Ergebenheit im Dienst erliegen sehn.

THESEUS. Du sollst ja, Teure, nichts dergleichen sehn.

HIPPOLYTA. Er sagt ja, sie verstehen nichts hievon.

THESEUS. Um desto gütger ist's, für nichts zu danken.
Was sie versehen, ihnen nachzusehen,
Sei unsre Lust. Was armer, willger Eifer
Zu leisten nicht vermag, schätz edle Rücksicht
Nach dem Vermögen nur, nicht nach dem Wert.
Wohin ich kam, da hatten sich Gelahrte
Auf wohlgesetzte Reden vorbereitet;
Da haben sie gezittert, sich entfärbt,
Gestockt in einer halb gesagten Phrase;
Die Angst erstickte die erlernte Rede,
Noch eh sie ihren Willkomm vorgebracht,
Und endlich brachen sie verstummend ab.
Sogar aus diesem Schweigen, liebes Kind,
Glaub mir, fand ich den Willkomm doch heraus;
Ja, in der Schüchternheit bescheidnen Eifers
Las ich soviel als von der Plapperzunge
Vorwitzig prahlender Beredsamkeit.
Wenn Lieb und Einfalt sich zu reden nicht erdreisten,
Dann, dünkt mich, sagen sie im Wenigsten am meisten.

Philostrat kommt zurück.

PHILOSTRAT. Beliebt es Eurer Hoheit? Der Prolog ist fertig.

THESEUS. Laßt ihn kommen.

Trompeten.
Der PROLOG *tritt auf.*

PROLOG. Wenn wir mißfallen tun, so ist's mit gutem Willen;
Der Vorsatz bleibt doch gut, wenn wir ihn nicht erfüllen.
Zu zeigen unsre Pflicht durch dieses kurze Spiel,
Das ist der wahre Zweck von unserm End und Ziel.
Erwäget also denn: warum wir kommen sein:
Wir kommen nicht, als sollt ihr euch daran ergetzen;
Die wahre Absicht ist - zu eurer Lust allein
Sind wir nicht hier - daß wir in Reu und Leid euch setzen.
Die Spieler sind bereit; wenn ihr sie werdet sehen,
Versteht ihr alles schon, was ihr nur wollt verstehen.

THESEUS. Dieser Bursche nimmt's nicht sehr genau.

LYSANDER. Er hat seinen Prolog geritten wie ein wildes Füllen; er weiß noch nicht, wo er halt machen soll. Eine gute Lehre, gnädiger Herr: es ist nicht genug, daß man rede; man muß auch richtig reden.

HIPPOLYTA. In der Tat, er hat auf seinem Prolog gespielt wie ein Kind auf der Flöte. Er brachte wohl einen Ton heraus, aber keine Note.

THESEUS. Seine Rede war wie eine verwickelte Kette: nichts zerrissen, aber alles in Unordnung. Wer kommt zunächst?

PYRAMUS, THISBE, WAND, MONDSCHEIN *und* LÖWE
treten als stumme Personen auf.

PROLOG. Was dies bedeuten soll, das wird euch wundern müssen,
Bis Wahrheit alle Ding' stellt an das Licht herfür.

Der Mann ist Pyramus, wofern ihr es wollt wissen;
Und dieses Fräulein schön ist Thisbe, glaubt es mir.
Der Mann mit Mörtel hier und Leimen soll bedeuten
Die Wand, die garstge Wand, die ihre Lieb tät scheiden.
Doch freut es sie, drob auch sich niemand wundern soll,
Wenn durch die Spalte klein sie konnten flüstern wohl.
Der Mann da mit Latern und Hund und Busch von Dorn
Den Mondschein präsentiert, denn, wann ihr's wollt erwägen:
Bei Mondschein hatten die Verliebten sich verschworn,
Zu gehen nach Nini Grab, um dort der Lieb zu pflegen.
Dies gräßlich wilde Tier, mit Namen Löwe groß,
Die treue Thisbe, die des Nachts zuerst gekommen,
Tät scheuchen, ja vielmehr erschrecken, daß sie bloß
Den Mantel fallen ließ und drauf die Flucht genommen.
Drauf dieser schnöde Löw in seinen Rachen nahm
Und ließ mit Blut befleckt den Mantel lobesam.
Sofort kommt Pyramus, ein Jüngling weiß und rot,
Und find't den Mantel da von seiner Thisbe tot;
Worauf er mit dem Deg'n, mit blutig bösem Degen
Die blutge heiße Brust sich tapferlich durchstach;
Und Thisbe, die indes im Maulbeerschatten glegen,
Zog seinen Dolch heraus und sich das Herz zerbrach.
Was noch zu sagen ist, das wird - glaubt mir fürwahr! -
Euch Mondschein, Wand und Löw und das verliebte Paar
Der Läng und Breite nach, solang sie hier verweilen,
Erzählen, wenn ihr wollt, in wohlgereimten Zeilen.

PROLOG, THISBE, LÖWE *und* MONDSCHEIN *ab.*

THESEUS. Mich nimmt wunder, ob der Löwe sprechen wird.

DEMETRIUS. Kein Wunder, gnädiger Herr: ein Löwe kann's wohl, da so viele Esel es tun.

WAND. In dem besagten Stück es sich zutragen tut,

Daß ich, Thoms Schnauz genannt, die Wand vorstelle gut.
Und eine solche Wand, wovon ihr solltet halten,
Sie sei durch einen Schlitz recht durch und durch gespalten,
Wodurch der Pyramus und seine Thisbe fein
Oft flüsterten fürwahr ganz leis und insgeheim.
Der Mörtel und der Lehm und dieser Stein tut zeigen,
Daß ich bin diese Wand, ich wills euch nicht verschweigen;
Und dies die Spalte ist, zur Linken und zur Rechten,
Wodurch die Buhler zwei sich täten wohl besprechen.

THESEUS. Kann man verlangen, daß Lehm und Haar besser reden sollten?

DEMETRIUS. Es ist die witzigste Abteilung, die ich jemals vortragen hörte.

THESEUS. Pyramus geht auf die Wand los! Stille!

PYRAMUS. O Nacht, so schwarz von Farb, o grimmerfüllte Nacht!
O Nacht, die immer ist, sobald der Tag vorbei.
O Nacht! O Nacht! O Nacht! ach! ach! ach! Himmel! ach!
Ich fürcht, daß Thisbes Wort vergessen worden sei. -
Und du, o Wand, o süß' und liebenswerte Wand,
Die zwischen unsrer beiden Eltern Haus tut stehen;
Du Wand, o Wand, o süß' und liebenswerte Wand!
Zeig deine Spalte mir, daß ich dadurch mag sehen.

WAND *hält die Finger in die Höhe.*

Hab Dank, du gute Wand! der Himmel lohn es dir!
Jedoch, was seh ich dort? Thisbe, die seh ich nicht.
O böse Wand, durch die ich nicht seh meine Zier,
Verflucht sei'n deine Stein', daß du so äffest mich.

THESEUS. Mich dünkt, die Wand müßte wieder fluchen, da die Empfindung hat.

PYRAMUS. Nein, fürwahr, Herr, das muß er nicht. «Äffest mich» ist Thisbes Stichwort; sie muß hereinkommen, und ich muß sie dann durch die Wand ausspionieren. Ihr sollt sehen, es wird just zutreffen, wie ich's Euch sage. Da kommt sie schon.

THISBE *kommt.*

THISBE. O Wand, du hast schon oft gehört das Seufzen mein,
Mein'n schönsten Pyramus weil du so trennst von mir;
Mein roter Mund hat oft geküsset deine Stein',
Dein' Stein', mit Lehm und Haar geküttet auf in dir.

PYRAMUS. Ein' Stimm ich sehen tu; ich will zur Spalt und schauen,
Ob ich nicht hören kann meiner Thisbe Antlitz klar.
Thisbe!

THISBE. Dies ist mein Schatz, mein Liebchen ist's, fürwahr!

PYRAMUS. Denk was du willst, ich bin's; du kannst mir sicher trauen,
Und gleich Limander bin ich treu in meiner Pflicht.

THISBE. Und ich gleich Helena, bis mich der Tod ersticht.

PYRAMUS. So treu war Schefelus einst seiner Procrus nicht.

THISBE. Wie Procrus Schef'lus liebt', lieb ich dein Angesicht.

PYRAMUS. O küß mich durch das Loch von dieser garstgen Wand!

THISBE. Mein Kuß trifft nur das Loch, nicht deiner Lippen Rand.

PYRAMUS. Willst du bei Nickels Grab heut nacht mich treffen an?

THISBE. Sei's lebend oder tot, ich komme, wenn ich kann.

WAND. So hab ich Wand nunmehr mein Part gemachet gut,
Und nun sich also Wand hinwegbegeben tut.

WAND, PYRAMUS *und* THISBE *ab.*

THESEUS. Nun ist also die Wand zwischen den beiden Nachbarn nieder.

DEMETRIUS. Das ist nicht mehr als billig, gnädiger Herr, wenn Wände Ohren haben.

HIPPOLYTA. Dies ist das einfältigste Zeug, das ich jemals hörte.

THESEUS. Das Beste in dieser Art ist nur Schattenspiel, und das Schlechteste ist nichts Schlechteres, wenn die Einbildungskraft nachhilft.

HIPPOLYTA. Das muß denn Eure Einbildungskraft tun und nicht die ihrige.

THESEUS. Wenn wir uns nichts Schlechteres von ihnen einbilden als sie selbst, so mögen sie für vortreffliche Leute gelten. Hier kommen zwei edle Tiere herein, ein Mond und ein Löwe.

LÖWE *und* MONDSCHEIN *treten auf.*

LÖWE. Ihr, Fräulein, deren Herz fürchtet die kleinste Maus,
Die in monströser Gestalt tut auf dem Boden schweben,
Mögt itzo zweifelsohn erzittern und erbeben,
Wenn Löwe, rauh von Wut, läßt sein Gebrüll heraus.
So wisset denn, daß ich Hans Schnock der Schreiner bin,
Kein böser Löw fürwahr, noch eines Löwen Weib;
Denn käm ich als ein Löw und hätte Harm im Sinn,
So daurte, meiner Treu, mich mein gesunder Leib.

THESEUS. Eine sehr höfliche Bestie und sehr gewissenhaft.

DEMETRIUS. Das Beste von Bestien, gnädiger Herr, was ich je gesehn habe.

LYSANDER. Dieser Löwe ist ein rechter Fuchs an Herzhaftigkeit.

THESEUS. Wahrhaftig, und eine Gans an Klugheit.

DEMETRIUS. Nicht so, gnädiger Herr, denn seine Herzhatigkeit kann sich seiner Klugheit nicht bemeistern wie der

Fuchs einer Gans.

THESEUS. Ich bin gewiß, seine Klugheit kann sich seiner Herzhaftigkeit nicht bemeistern; denn eine Gans bemeistert sich keines Fuchses. Wohl! überlaßt es seiner Klugheit und laßt uns auf den Mond horchen.

MOND. Den wohlgehörnten Mond d'Latern z'erkennen gibt.

DEMETRIUS. Er sollte die Hörner auf dem Kopfe tragen.

THESEUS. Er ist ein Vollmond, seine Hörner stecken unsichtbar in der Scheibe.

MOND. Den wohlgehörnten Mond d'Latern z'erkennen gibt;
Ich selbst den Mann im Mond, wofern es euch beliebt.

THESEUS. Das ist noch der größte Verstoß unter allen: der Mann sollte in die Laterne gesteckt werden; wie ist er sonst der Mann im Monde?

DEMETRIUS. Er darf es nicht wegen des Lichtes. Er würde es in Feuer und Flammen setzen.

HIPPOLYTA. Ich bin diesen Mond satt; ich wollte, er wechselte.

THESEUS. Das kleine Licht seiner Vernunft zeigt, daß er im Abnehmen ist. Aber doch aus Höflichkeit und der Ordnung wegen müssen wir die Zeit ausdauern.

LYSANDER. Sprich weiter, Mond!

MOND. Alles, was ich zu sagen habe, ist, euch zu melden, daß diese Laterne der Mond ist; ich der Mann im Monde; dieser Dornbusch mein Dornbusch; und dieser Hund mein Hund.

DEMETRIUS. Alle diese Dinge sollten also in der Laterne sein, denn sie sind im Monde. Doch still! hier kommt Thisbe.

THISBE *tritt auf.*

THISBE. Dies ist ja Nickels Grab; wo ist mein Liebchen denn?

LÖWE. Oh!

Der Löwe *brüllt,* Thisbe *läuft davon.*

Demetrius. Gut gebrüllt, Löwe!
Theseus. Gut gelaufen, Thisbe!
Hippolyta. Gut geschienen, Mond! - In der Tat, der Mond scheint mit vielem Anstande.

Der Löwe *zerreißt den Mantel der* Thisbe.

Theseus. Gut gezaust, Löwe!
Demetrius. Und da kam Pyramus.

Pyramus *kommt.*

Lysander. Und da verschwand der Löwe.

Löwe *ab.*

Pyramus. Ich dank dir, süßer Mond, für deine Sonnenstrahlen,
Die also hell und schön den Erdenball bemalen;
Dieweil bei deinem Gold und funkelnd süßem Licht
Zu kosten ich verhoff mein'r Thisben Angesicht.
Doch halt, o Pein!
Was soll dies sein?
Was für ein Graus ist dies?
Aug, siehst du noch?
O schweres Joch!
Mein Herz, mein Liebchen süß,
Dein Mantel gut
Befleckt mit Blut!
Ihr Furien, kommt im Trab
Herbei und rächt

Und löscht und brecht
Den Lebensfaden ab.

THESEUS. Dieser Jammer und der Tod eines werten Freundes sollten einen Menschen schon zum Trauern bringen.

HIPPOLYTA. Bei meiner Seele, ich bedaure den Mann.

PYRAMUS. Warum denn, o Natur, tatst du den Löwen bauen?
Weil solch ein schnöder Löw mein Lieb hat defloriert;
Sie, welche ist - nein, war - die schönste alter Frauen,
Die je des Tages Glanz mit ihrem Schein geziert.
Komm, Tränenschar!
Aus, Schwert! durchfahr
Die Brust dem Pyramo!
Die Linke hier,
Wo 's Herz hüpft mir;
So sterb ich denn, so, so!
Nun tot ich bin,
Der Leib ist hin,
Die Seel speist Himmelsbrot.
O Zung, Tisch aus!
Mond, lauf nach Haus!
Nun tot, tot, tot, tot, tot!

ER *stirbt.* MONDSCHEIN *ab.*

HIPPOLYTA. Wie kommt's, daß der Mondschein weggegangen ist, ehe Thisbe zurückkommt und ihren Liebhaber findet?

THESEUS. Sie wird ihn beim Sternenlicht finden. - Hier kommt sie;

THISBE *kommt.*

und ihr Jammer endigt das Spiel.

HIPPOLYTA. Mir deucht, sie sollte keinen langen Jammer für

solch einen Pyramus nötig haben; ich hoffe, sie wird sich kurz fassen.

DEMETRIUS. Eine Motte wird in der Waage den Ausschlag geben, ob Pyramus oder Thisbe mehr taugt.

LYSANDER. Sie hat ihn schon mit ihren süßen Augen ausgespäht.

DEMETRIUS. Und so jammert sie folgendergestalt.

THISBE. Schläfst du, mein Kind?
Steh auf geschwind!
Wie, Täubchen, bist du tot?
O sprich! o sprich!
O rege dich!
Ach! tot ist er! o Not!
Dein Lilienmund,
Dein Auge rund,
Wie Schnittlauch frisch und grün;
Dein' Kirschennas,
Dein' Wangen blaß,
Die wie ein Goldlack blühn,
Soll nun ein Stein
Bedecken fein?
O klopf mein Herz und brich!
Ihr Schwestern drei!
Kommt, kommt herbei
Und leget Hand an mich!
Zung, nicht ein Wort!
Nun, Dolch, mach fort,
Zerreiß des Busens Schnee.
Lebt wohl, ihr Herrn!
Ich scheide gern.
Ade, ade, ade!

SIE *stirbt.*

THESEUS. Mondschein und Löwe sind übriggeblieben, um die Toten zu begraben.

DEMETRIUS. Ja, und Wand auch.

ZETTEL. Nein, wahrhaftig nicht; die Wand ist niedergerissen, die ihre Väter trennte. Beliebt es euch, den Epilog zu sehen oder einen Bergomasker Tanz zwischen zweien von unsrer Gesellschaft zu hören?

THESEUS. Keinen Epilog, ich bitte euch; euer Stück bedarf keiner Entschuldigung. Entschuldigt nur nicht: wenn alle Schauspieler tot sind, braucht man keinen zu tadeln. Meiner Treu, hätte der, der es geschrieben hat, den Pyramus gespielt und sich in Thisbes Strumpfband aufgehängt, so wär es eine schöne Tragödie gewesen; und das ist es auch, wahrhaftig, und recht wacker agiert. Aber kommt, euren Bergomasker Tanz! Den Epilog laßt laufen.

Ein Tanz von RÜPELN.

THESEUS. Die Mitternacht rief zwölf mit ehrner Zunge.
Zu Bett, Verliebte! Bald ist's Geisterzeit.
Wir werden, fürcht ich, in den Morgen schlafen,
Soweit wir in die Nacht hinein gewacht.
Dies greiflich dumme Spiel hat doch den trägen Gang
Der Nacht getäuscht. Zu Bett, geliebten Freunde!
Noch vierzehn Tage lang soll diese Festlichkeit
Sich jede Nacht erneun mit Spiel und Lustbarkeit.

ALLE *ab.*

PUCK *(tritt auf.)*
Jetzt beheult der Wolf den Mond,
Durstig brüllt im Forst der Tiger;
Jetzt, mit schwerem Dienst verschont,
Schnarcht der arbeitsmüde Pflüger;

Jetzo schmaucht der Brand am Herd,
Und das Käuzlein kreischt und jammert,
Daß der Krank' es ahnend hört
Und sich fest ans Kissen klammert;
Jetzo gähnt Gewölb und Grab,
Und, entschlüpft den kalten Mauern,
Sieht man Geister auf und ab,
Sieht am Kirchhofszaun sie lauern.
Und wir Elfen, die mit Tanz
Hekates Gespann umhüpfen
Und, gescheucht vom Sonnenglanz,
Träumen gleich ins Dunkel schlüpfen,
Schwärmen jetzo; keine Maus
Störe dies geweihte Haus!
Voran komm ich mit Besenreis,
Den Flur zu fegen blank und weiß.

Oberon *und* Titania *mit ihrem* Gefolge *treten auf.*

Oberon. Bei des Feuers mattem Flimmern,
Geister, Elfen, stellt euch ein!
Tanzet in den bunten Zimmern
Manchen leichten Ringelreihn!
Singt nach meiner Lieder Weise!
Singet! hüpfet! leise! leise!
Titania. Wirbelt mir mit zarter Kunst
Eine Not' auf jedes Wort;
Hand in Hand, mit Feengunst,
Singt und segnet diesen Ort.

Gesang und Tanz.

Oberon. Nun, bis Tages Wiederkehr,
Elfen, schwärmt im Haus umher!

Kommt zum besten Brautbett hin,
Daß es Heil durch uns gewinn!
Das Geschlecht, entsprossen dort,
Sei gesegnet immerfort;
Jedes dieser Paare sei
Ewiglich im Lieben treu;
Ihr Geschlecht soll nimmer schänden
Die Natur mit Feindeshänden;
Und mit Zeichen schlimmer Art,
Muttermal und Hasenschart,
Werde durch des Himmels Zorn
Ihnen nie ein Kind geborn. -
Elfen, sprengt durchs ganze Haus
Tropfen heilgen Wiesentaus!
Jedes Zimmer, jeden Saal
Weiht und segnet allzumal!
Friede sei in diesem Schloß
Und sein Herr ein Glücksgenoß!
Nun genung!
Fort im Sprung!
Trefft mich in der Dämmerung!

OBERON, TITANIA *und* GEFOLGE *ab.*

PUCK. Wenn wir Schatten euch beleidigt,
O so glaubt - und wohl verteidigt
Sind wir dann -: ihr alle schier
Habet nur geschlummert hier
Und geschaut in Nachtgesichten
Eures eignen Hirnes Dichten.
Wollt ihr diesen Kindertand,
Der wie leere Träume schwand,
Liebe Herrn, nicht gar verschmähn,
Sollt ihr bald was Beßres sehn.

Wenn wir bösem Schlangenzischen
Unverdienterweis entwischen,
So verheißt auf Ehre Puck
Bald euch unsres Dankes Zoll;
Ist ein Schelm zu heißen willig,
Wenn dies nicht geschieht, wie billig.
Nun gute Nacht! Das Spiel zu enden,
Begrüßt uns mit gewognen Händen!

Ab.

Weitere Titel im fabula Verlag

Hardcover
112 Seiten, 12 x 19 cm
24,90 €

978-3-95855-108-4

Auch als Paperback erhältlich

Heinrich Heine

Deutschland. Ein Wintermärchen

Nach 13 Jahren Exil in Frankreich kehrt Heinrich Heine 1844 kurzzeitig nach Deutschland zurück. Bei seiner Reise von Paris nach Hamburg stellt er in 27 Kapiteln scharfsinnige Beobachtungen über das verstaubte und nationalistisch geprägte Deutschland an. Satirisch kritisiert er dabei pointiert die reaktionären Zustände seines Heimatlandes, wobei er auch seine Dichterkollegen nicht verschont.
Heines (1797-1856) fulminantes Versepos ist eines seiner bekanntesten Werke. Der brisante Inhalt des Textes wurde stark zensiert und in Preußen umgehend verboten. Im Zuge dessen erließ Friedrich Wilhelm IV. von Preußen einen Haftbefehl gegen Heine.

Hardcover
84 Seiten, 12 x 19 cm
18,90 €

978-3-95855-388-0

Auch als Paperback erhältlich

Stefan Zweig

Die Schachnovelle - neu durchgesehen und illustriert

„Und da ich nichts anderes hatte als dies unsinnige Spiel gegen mich selbst, fuhr meine Wut, meine Rachelust fanatisch in dieses Spiel hinein."

Unverschuldet gerät Dr. B. in die Klauen der Nationalsozialisten und wird für unbestimmte Zeit in Isolationshaft festgehalten. Seine einzige Ablenkung ist eine Sammlung berühmter Schachpartien, die er wieder und wieder im Geiste nachspielt. Eine Obsession beginnt, die einige Jahre später erneut auf einer Schiffsreise zutage kommt, wo Dr. B. auf den amtierenden Schachweltmeister Czentovic trifft.

Hardcover
268 Seiten, 12 x 19 cm
26,90 €

978-3-95855-153-4

Auch als Paperback erhältlich

Jules Verne

In 80 Tagen um die Welt

„Ich wette mit Jedem um zwanzigtausend Pfund, daß ich die Reise um den Erdball in längstens achtzig Tagen machen werde."

Der wohlhabende und exzentrische Phineas Fogg geht mit den Mitgliedern seines Londoner Clubs eine gewagte Wette ein. Gemeinsam mit seinem neuen Diener versucht er, die Welt in nur 80 Tagen zu umrunden. Bei der beispiellosen Reise ins Unbekannte stürzt Fogg von einem Abenteuer ins Nächste. Doch bald steht nicht mehr nur die Hälfte seines Vermögens auf dem Spiel, sondern auch sein Leben.

Zeitfracht Medien GmbH
Ferdinand-Jühlke-Straße 7
99095 Erfurt, Deutschland
produktsicherheit@kolibri360.de

Druck:
CPI Druckdienstleistungen GmbH
im Auftrag der
Zeitfracht Medien GmbH
Ein Unternehmen der Zeitfracht - Gruppe
Ferdinand-Jühlke-Str. 7
99095 Erfurt